本書の特色と使い方

全て印刷・コピーして学校で使えます。

児童が書きやすい B4 か A3 に拡大コピーしてお使いください。

本書で適切な評価ができます。

各社の教科書を徹底研究して，観点別のテストを作成しました。各学年・各単元で必要な基礎基本を評価するのに役立ちます。

どの単元も観点別評価ができます。（一部単元を除く）

どの単元でも「知識・技能」と「思考・判断・表現」の 2 つの観点で評価できます。2 つの観点ともに対等な点数配分（100 点満点）で構成しているため，観点別の評価が適切にできます。

選べるA・B　2タイプの評価テスト（一部単元を除く）

A では基礎基本の定着をねらいとした問題構成に，B では一層の学習内容の定着をねらいとして発展的内容も加え，問題数を多くした構成にしています。
児童の実態や単元の重要度に応じて，選んで使用できます。

テストの前にも使えます。

市販のテストを使用される学級でも，本書を活用して単元のまとめができます。市販のテストの前に本書のテストを活用することで，確実な学力がつきます。

学習準備プリントで既習内容の確認ができます。

新たな単元を学習する上で必要な基礎基本を振り返り，内容の定着を確かめることができます。児童の学習の準備とともに，学習計画を立てる上でも役立てることができます。

JN094498

2年　目次

1 年のふりかえり …… 2
ひょうとグラフ …… 5
たし算のひっ算 …… 7
ひき算のひっ算 …… 12
たし算とひき算のひっ算 …… 17
長さ …… 21
100 より大きい数 …… 26
水のかさ …… 31
時間と時こく …… 36
計算のくふう …… 41
3 けたの数のひっ算 …… 44
三角形と四角形 …… 49
かけ算（1） …… 53
かけ算（2） …… 58
かけ算（3） …… 62
1000 より大きい数 …… 66
長い長さ …… 71
図を使って考えよう …… 76
分数 …… 78
はこの形 …… 80
学年のまとめ …… 84
解答 …… 86

知識技能A　　　　月　日

1年のふりかえり

名前

1 計算《けいさん》を　しましょう。(5×10)

(1) 6＋3

(2) 8＋4

(3) 9＋5

(4) 6＋4

(5) 6＋7

(6) 8－4

(7) 10－6

(8) 12－9

(9) 13－8

(10) 11－6

2 計算を　しましょう。(5×3)

(1) 4＋6－3

(2) 17－7＋5

(3) 50＋20

3 □に　あてはまる　数《かず》を　書《か》きましょう。(5×5)

(1) 10が　5こと　1が　2こで　□

(2) 60は，10が　□　こ

(3) 10が　10こで　□

(4) 98－99－□－□－□

(5) 80－90－□－□－□

4 何《なん》時《じ》何《なん》分《ふん》ですか。(5×2)

(1)

□時　分

(2)

□時　分

(A3 141%・B4 122%拡大)

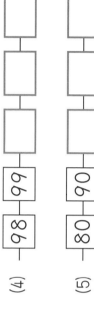

月　日

1年のふりかえり

名前

1 計算《けいさん》を　しましょう。(4×14)

(1) 3 + 4

(2) 2 + 8

(3) 8 + 7

(4) 7 + 6

(5) 8 + 9

(6) 3 + 9

(7) 4 + 7

(8) 7 − 4

(9) 10 − 6

(10) 12 − 4

(11) 13 − 6

(12) 17 − 9

(13) 14 − 8

(14) 11 − 7

2 計算を　しましょう。(4×4)

(1) 10 + 6 − 8

(2) 14 − 7 + 5

(3) 80 + 6

(4) 60 − 40

3 □に　あてはまる　数《かず》を　書《か》きましょう。(4×5)

(1) 10が　8こと　1が　6こで　□

(2) 70は，10が　□　こ

(3) 100は，90よりも　□　大きい。

(4) 65 − 70 − 75 − □ − □

(5) 108 − 109 − □ − □ − □

4 何時何分《なんじなんぷん》ですか。(4×2)

(1)

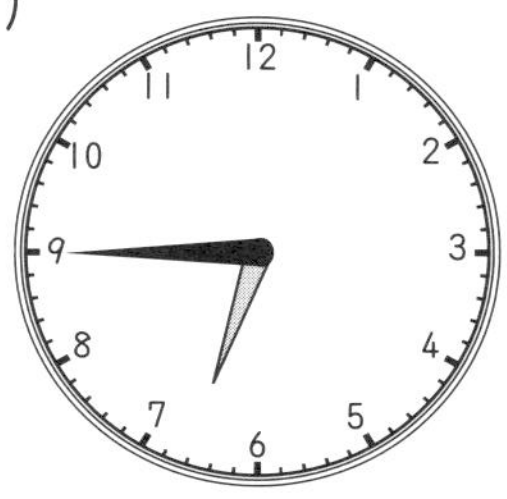

□時　□分

(2)

□時　□分

(A3 141%・B4 122%拡大)

月　日

1年のふりかえり

名前

1　水そうに　金魚《ぎょ》が　5ひき　います。
そこへ　7ひき　入れました。
金魚は　あわせて　何《なん》びきですか。(10×2)

しき

答《こた》え

2　あめが　15こ　ありました。
7こ　食《た》べました。のこりは，
何こですか。(10×2)

しき

答え

3　カブトムシが　16ぴき　います。
そのうち　メスは　7ひきです。
オスは　何びきですか。(10×2)

しき

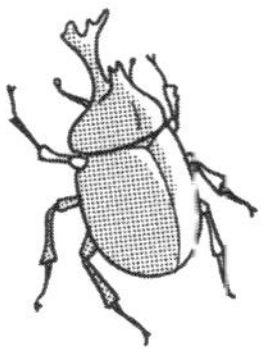

答え

4　女の子が　14人　います。
男の子は　9人　います。女の子の
ほうが　何人　多《おお》いですか。(10×2)

しき

答え

5　木に　鳥《とり》が　8羽《わ》　います。
そこへ　4羽　とんで　きました。
そして，6羽　とんで　いきました。
木に　いる　鳥は　何羽ですか。(10×2)

しき

答え

(A3 141%・B4 122%拡大)

月　　日

ひょうとグラフ

名前

● すきな　くだものを　１つずつ　えらんで　グラフに　あらわしました。

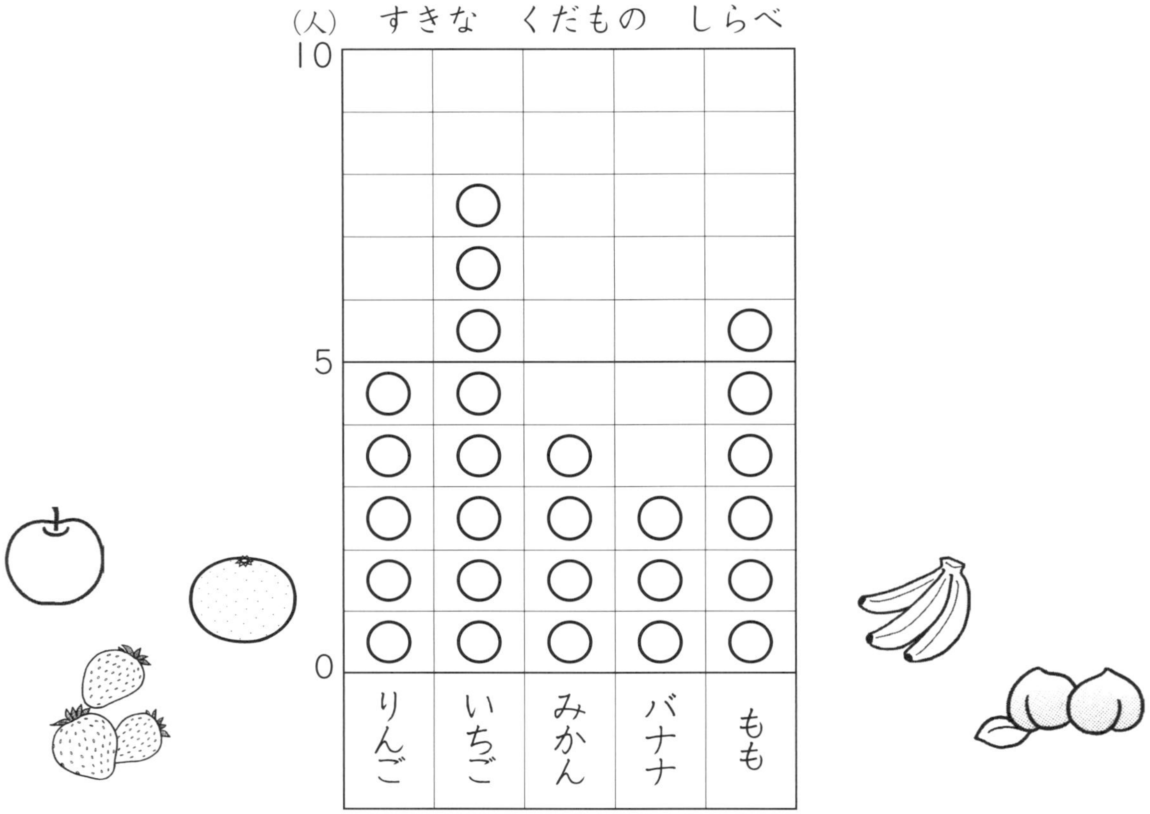

(1)　りんごが　すきな　人は，何《なん》人　いますか。(10)　□人

(2)　いちばん　多《おお》いのは　どの　くだもので，何人ですか。(10×2)　□　□人

(3)　すきな　人が　４人　いるのは，どの　くだものですか。(10)　□

(4)　ももが　すきな　人は　バナナが　すきな　人よりも　何人　多いですか。(10)　□人

(5)　グラフの　人数《ずう》を　ひょうに　あらわしましょう。(10×5)

すきな　くだもの　しらべ

すきな　くだもの	りんご	いちご	みかん	バナナ	もも
人数（人）					

(A3 141%・B4 122%拡大)

ひょうとグラフ

名前

● 2年1組《くみ》では，公園《こうえん》に　ある　すきな　ゆうぐを　1人　1つずつ　えらんで　ひょうに　しました。

すきな　ゆうぐ　しらべ

すきな　ゆうぐ	うんてい	ブランコ	すべり台《だい》	てつぼう	すな場《ば》
人数《ずう》(人)	4	7	5	3	9

(1) ひょうの　人数《ずう》を，○を　つかって　右の　グラフに　あらわしましょう。(10×5)

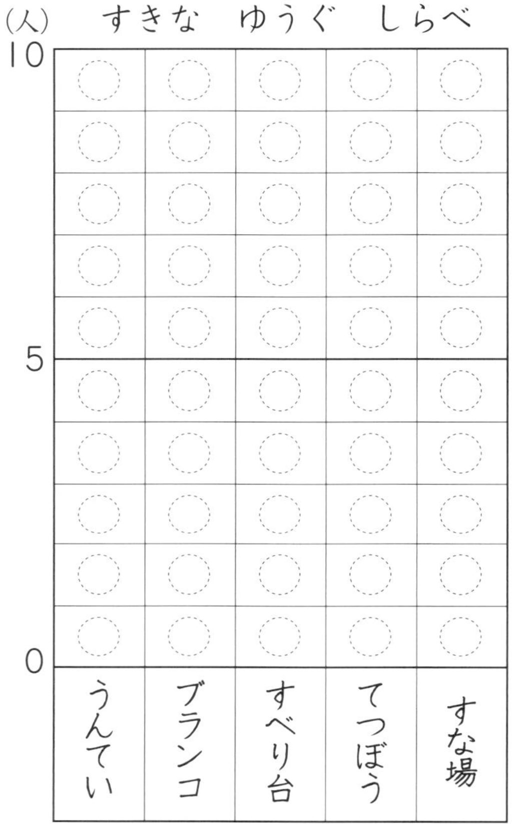

(2) いちばん　すきな　人が　多《おお》いのは　何《なん》の　ゆうぐで，何人ですか。(10×2)

□　□人

(3) うんていが　すきな　人は，てつぼうが　すきな　人よりも　何人　多いですか。(10)

□人

(4) すべり台が　すきな　人は，ブランコが　すきな　人よりも　何人　少《すく》ないですか。(10)

□人

(5) 2年1組は，ぜんぶで　何人ですか。(10)

□人

(A3 141%・B4 122%拡大)

月　日

たし算のひっ算

名前

1 計算《けいさん》を　しましょう。(5 × 12)

(1) 4 + 3　　(2) 7 + 5　　(3) 9 + 6

(4) 7 + 6　　(5) 4 + 9　　(6) 8 + 9

(7) 7 + 8　　(8) 4 + 7　　(9) 3 + 8

(10) 20 + 30　　(11) 30 + 5　　(12) 23 + 5

2 いくつですか。数字《すう》と　読《よ》みを　書《か》きましょう。(5 × 4 数字読み完答)

(1)
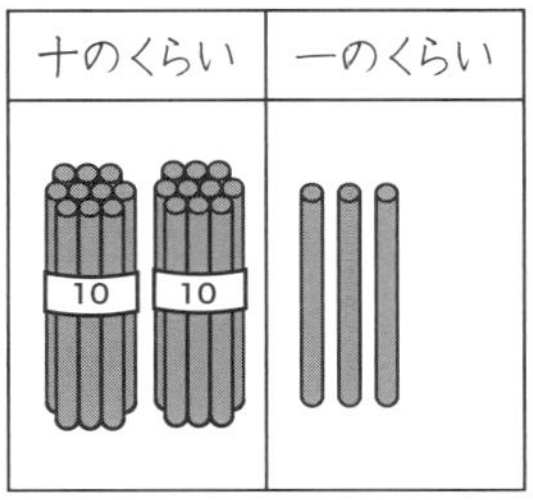

十のくらい
一のくらい
10
10

数字

読み

(2)
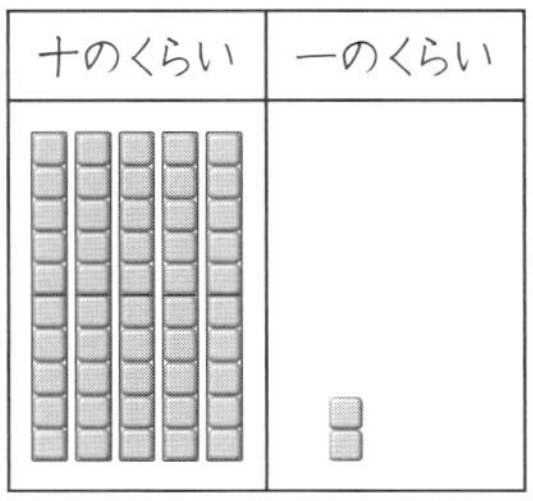

十のくらい
一のくらい

数字

読み

(3)
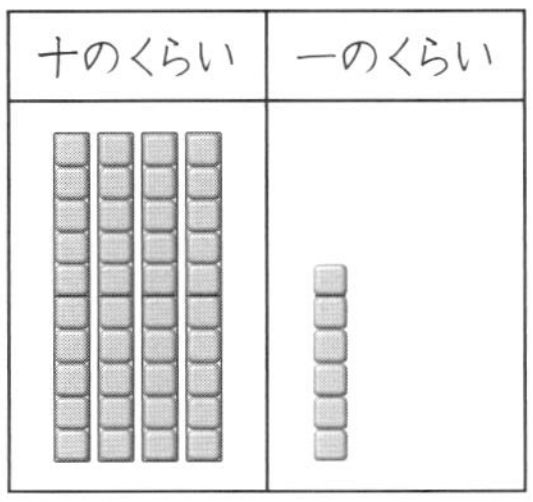

十のくらい
一のくらい

数字

読み

(4)
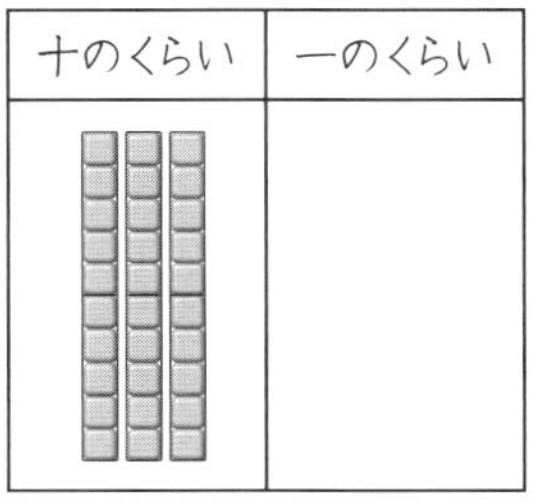

十のくらい
一のくらい

数字

読み

3 公園《こうえん》で　男の子が　５人，女の子が　７人　あそんで　います。
あわせて　何人《なん》の　子どもが　あそんで　いますか。(5 × 2)

しき

答《こた》え

4 花だんに　ちょうが　９ひき　います。　６ぴき　やって　きました。
ちょうは　何びきに　なりましたか。(5 × 2)

しき

答え

(A3 141%・B4 122%拡大)

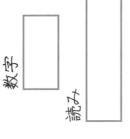

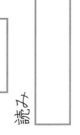

知識技能A　　月　日

たし算のひっ算

名前

1 26＋47の 計算《けいさん》を します。
□に あてはまる 数《かず》を 書《か》きましょう。(5×6)

	2	6
＋	4	7

一のくらいの 計算

6＋□＝13

一のくらいの 答《こた》えは □

十のくらいに □ くり上げる

十のくらいの 計算

1 くり上がって いるから

1＋2＋□＝7

十のくらいの 答えは □

26＋47の 答えは □ です。

2 答えが 同《おな》じに なる しきを
下の ア～エから えらんで，きごうを
書きましょう。(5×2)

(1) 48＋26 □

(2) 25＋38 □

ア 28＋26

イ 38＋25

ウ 26＋48

エ 28＋36

3 計算を しましょう。(5×2)

(1)

	3	2
＋	4	6

(2)

	6	9
＋	2	5

4 ひっ算で しましょう。(5×10)

(1) 32＋45　(2) 56＋26

(3) 28＋16　(4) 48＋5

(5) 7＋56　(6) 15＋57

(7) 29＋54　(8) 72＋19

(9) 62＋28　(10) 41＋29

(A3 141%・B4 122%拡大)

月　日

たし算のひっ算

名前

1　赤い　花が　40本，青い　花が　23本　さいて　います。あわせて　何本《なん》に　なりますか。(10×2)

しき

答《こた》え

2　下の　おかしを　1つずつ　買《か》うと，あわせて　いくらに　なりますか。(10×2)

35円

48円

しき

答え

3　答えが　正しければ　○，まちがっていれば　正しい　答えを　□に　書《か》きましょう。(5×4)

(1)

	3	6
+	2	2
	5	8

(2)

	4	7
+	1	5
	6	2

(3)

	4	8
+	2	8
	6	6

(4)

	5	1
+	2	8
	8	9

4　3年生は，男の子が　29人，女の子が　26人　います。あわせて　何人ですか。(10×2)

しき

答え

5　ふみやさんは　8才《さい》です。お父さんは，ふみやさんよりも　32才　年上です。お父さんは，何才ですか。(10×2)

しき

答え

(A3 141%・B4 122%拡大)

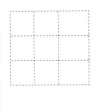

月　日

たし算のひっ算

名前

1　38＋29の　計算《けいさん》を　します。
□に　あてはまる　数《かず》を　書《か》きましょう。(4×6)

	3	8
＋	2	9

一のくらいの　計算

8＋□＝17

一のくらいの　答《こた》えは□

十のくらいに□くり上げる

十のくらいの　計算

1　くり上がって　いるから

1＋□＋2＝6

十のくらいの　答えは□

38＋29の　答えは□です。

2　答えが　同《おな》じに　なる　しきを　ア～カから　えらんで　きごうを　書きましょう。(4×3)

(1)　37＋35　□
(2)　45＋26　□
(3)　18＋54　□

ア　26＋45
イ　35＋54
ウ　45＋35
エ　54＋18
オ　18＋45
カ　35＋37

3　計算の　たしかめを　しましょう。(4×2)

(1)

	7	4
＋	1	8
	9	2

たしかめ →

(2)

	4	7
＋		6
	5	3

たしかめ →

4　ひっ算で　しましょう。(4×14)

(1)　42＋36
(2)　6＋54
(3)　28＋36
(4)　38＋49
(5)　48＋46
(6)　53＋39
(7)　38＋22
(8)　78＋4
(9)　7＋63
(10)　6＋59
(11)　3＋77
(12)　72＋19
(13)　62＋28
(14)　41＋9

(A3 141%・B4 122%拡大)

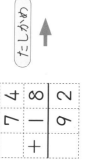

月　日

たし算のひっ算

名前

1 ひよこが　27ひき　います。7ひき　やって　きました。ひよこは　何《なん》びきに　なりましたか。(5×2)

しき

答《こた》え

2 公園《こうえん》に　おとなが　8人　います。子どもは，おとなよりも　16人　多《おお》く　います。(5×4)

(1) 子どもは，何人ですか。

しき

答え

(2) おとなと　子どもは，あわせて　何人　いますか。

しき

答え

3 答えが　正しければ　○，まちがって　いれば，正しい　答えを　□に　書《か》きましょう。(5×4)

(1)

	4	7
+	2	3
	6	0

(2)

	3	2
+	1	8
	5	0

(3)

		8
+	7	0
	8	8

(4)

	5	7
+		8
	6	5

4 おかしを　2つ　えらんで　買《か》います。(5×6)

38円

52円

23円

ガム
28円

57円

(1) グミと　ガムを　買うと　何円ですか。

しき

答え

(2) クッキーと　チョコレートを　買うと　何円ですか。

しき

答え

(3) 何と　何を　買えば，ちょうど　90円に　なりますか。

□ と □

5 まいさんは，カードを　29まい　もって　います。(5×4)

(1) りょうさんは　まいさんよりも　8まい　多く　もって　います。りょうさんは　カードを　何まい　もって　いますか。

しき

答え

(2) たくみさんは，りょうさんよりも　18まい　多く　もって　います。たくみさんはカードを　何まい　もって　いますか。

しき

答え

(A3 141%・B4 122%拡大)

月　日

ひき算のひっ算

名前

1 計算《けいさん》を　しましょう。(3 × 20)

(1) 7 − 4　(2) 12 − 8　(3) 14 − 9

(4) 13 − 8　(5) 14 − 7　(6) 11 − 7

(7) 14 − 6　(8) 12 − 6　(9) 12 − 5

(10) 11 − 5　(11) 11 − 4　(12) 13 − 4

(13) 11 − 3　(14) 12 − 3　(15) 15 − 8

(16) 30 − 10　(17) 60 − 20　(18) 47 − 3

(19) 65 − 60　(20) 36 − 5

2 ぎょうざが　15こ　ありました。7こ　食《た》べました。何《なん》こ　のこって　いますか。(5 × 2)

しき

答《こた》え

3 子どもが　11人　います。そのうち　5人が　女の子です。男の子は　何人ですか。(5 × 2)

しき

答え

4 男の子が　8人　います。女の子が　14人　います。どちらが　何人　多《おお》いですか。(5 × 2)

しき

答え

5 お姉《ねえ》さんは　色紙《いろがみ》を　16まい　もって　います。弟《おとうと》は，お姉さんより　9まい　少《すく》ないです。弟は，色紙を　何まい　もって　いますか。(5 × 2)

しき

答え

(A3 141%・B4 122%拡大)

知識技能 A　　　　月　　日

ひき算のひっ算

名前

1 83 − 47の　計算《けいさん》を　します。
□に　あてはまる　数《かず》を　書《か》きましょう。(5 × 6)

	8	3
−	4	7

一のくらいの　計算

3 − 7は　できないから
十のくらいから
□ くりさげる

13 − 7 = □

一のくらいの　答《こた》えは □

十のくらいの　計算

1　くり下げて　いるから

□ − 4 = 3

十のくらいの　答えは □

83 − 47の　答えは □ です。

2 ひき算をしましょう。(5 × 4)

(1)

	7	6
−	2	4

(2)

	5	9
−	3	6

(3)

	7	2
−	2	7

(4)

	5	6
−	4	9

3 ひっ算で　しましょう。(5 × 8)

(1) 93 − 51　(2) 93 − 53

(3) 92 − 39　(4) 81 − 56

(5) 81 − 74　(6) 65 − 6

(7) 60 − 54　(8) 42 − 8

4 ひき算の　答えの　たしかめを　します。
□に　あう　数を　書きましょう。(5 × 2)

(1)

	7	3
−	2	6
	4	7

たしかめ →

	□	□
＋	2	6
	7	3

(2)

	4	2
−	1	9
	2	3

たしかめ →

	2	3
＋	□	□
	4	2

(A3 141%・B4 122%拡大)

ひき算のひっ算

名前

1　トマトが　47こ　ありました。23こ　食《た》べました。のこりは　何《なん》こに　なりましたか。(10 × 2)

しき

答《こた》え

2　白い　花が　31こ，赤い　花が　16こ　さきました。どちらの　花が　何こ　多《おお》いですか。(10 × 2)

しき

答え

3　答えが　正しければ　○，まちがっていれば，正しい　答えを　□に　書《か》きましょう。(5 × 4)

(1)

	6	4
−	2	3
	3	1

(2)

	4	6
−	2	6
	2	0

(3)

	6	2
−	2	8
	4	4

(4)

	5	8
−	5	3
		5

3　3年生は，みんなで　81人　います。そのうち　男の子が　39人です。女の子は　何人ですか。(10 × 2)

しき

答え

5　あゆみさんは，本を　71ページ　読《よ》みました。しゅんやさんが　読んだページは　あゆみさんよりも　18ページ　少《すく》ないです。しゅんやさんは，何ページ　読みましたか。(10 × 2)

しき

答え

(A3 141%・B4 122%拡大)

月　日

ひき算のひっ算

名前

1　72－36の　計算《けいさん》を　します。
□に　あてはまる　数《かず》を　書《か》きましょう。(4×7)

	7	2
－	3	6

一のくらいの　計算

2－6は　できないから
十のくらいから
□ くり下げる
12－6＝□
一のくらいの　答《こた》えは □

十のくらいの　計算

1　くり下げて　いるから
□－3＝□
十のくらいの　答えは □

72－36の　答えは □ です。

2　ひき算の　答えの　たしかめに　なる　しきを　えらんで，きごうを □ に　書きましょう。(4×2)

(1)　81－26＝55 □
(2)　53－　8＝45 □

ア　55＋26
イ　45＋53
ウ　45＋8
エ　26＋45

3　ひき算の　たしかめを　しましょう。(4×2)

(1)

	6	2
－	2	6
	3	6

たしかめ →

(2)

	4	7
－		9
	3	8

たしかめ →

4　ひっ算で　しましょう。(4×14)

(1)　48－5
(2)　36－18
(3)　52－39
(4)　74－65
(5)　92－14
(6)　72－66
(7)　30－4
(8)　88－39
(9)　64－7
(10)　55－48
(11)　51－27
(12)　75－9
(13)　62－24
(14)　84－48

(A3 141%・B4 122%拡大)

月　日

ひき算のひっ算

名前

1　おたまじゃくしが　27ひき　いました。14ひきが　かえるに　なりました。おたまじゃくしは　何《なん》びきに　なりましたか。(5×2)

しき

答《こた》え

2　公園《こうえん》に　61人　子どもが　います。そのうち　女の子は，26人です。(5×4)

(1)　男の子は，何人ですか。

しき

答え

(2)　女の子と　男の子では，どちらが　何人　多《おお》いですか。

しき

答え

3　答えが　正しければ　○，まちがって　いれば，正しい　答えを　□に　書《か》きましょう。(5×4)

(1)

	4	7
−	2	3
	2	4

(2)

	3	2
−	1	8
	2	4

(3)

	8	0
−		7
	7	7

(4)

	9	1
−	8	5
	0	6

4　2人で　どんぐりを　ひろいました。どちらが　何こ　多く　ひろいましたか。(5×2)

	ひろった　数《かず》
ひかるさん	48こ
ともみさん	39こ

しき

答え

5　おかしを　買《か》います。(5×8)

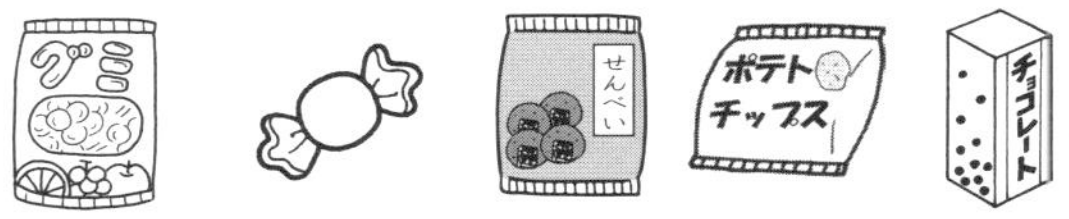

38円	18円	63円	48円	72円

(1)　あみさんは，90円　もって　います。チョコレートを　買うと　何円　のこりますか。

しき

答え

(2)　いちばん　高《たか》いおかしと　いちばん　やすい　おかしでは，何円　ちがいますか。

しき

答え

(3)　グミを　買って　50円を　はらうと，おつりは　何円ですか。

しき

答え

(4)　80円で　おかしを　2つ　買います。あめを　買うと　もう　1つ　買うことができるのは，どれと　どれですか。

□，□

(A3 141%・B4 122%拡大)

月　日

たし算とひき算のひっ算

名前

1 計算《けいさん》を　しましょう。(5 × 4)

(1)

	3	4
+	5	3

(2)

	2	9
+	1	7

(3)

	6	8
−	2	6

(4)

	9	0
−	6	4

2 答《こた》えが　同《おな》じに　なる　しきを　ア〜カから　えらんで，きごうを　書《か》きましょう。(5 × 3)

(1) 43 + 26 □

(2) 27 + 46 □

(3) 7 + 24 □

ア 34 + 26
イ 29 + 7
ウ 46 + 27
エ 24 + 7
オ 46 + 29
カ 26 + 43

3 答えの　たしかめに　なる　しきを　ア〜カから　えらんで，きごうを　書き　ましょう。(5 × 3)

(1) 53 − 26 □

(2) 95 − 48 □

(3) 42 − 5 □

ア 37 + 26
イ 37 + 5
ウ 47 + 5
エ 47 + 48
オ 27 + 26
カ 37 + 48

4 ひっ算で　しましょう。(5 × 10)

(1) 63 + 26

(2) 37 + 26

(3) 58 + 9

(4) 34 + 56

(5) 4 + 47

(6) 97 − 56

(7) 82 − 64

(8) 74 − 7

(9) 61 − 53

(10) 87 − 27

(A3 141%・B4 122%拡大)

たし算とひき算のひっ算

名前

1　90円　もって　います。48円の ポテトチップスを　買《か》いました。何《なん》円 のこって　いますか。(10×2)

しき

答《こた》え

2　バッタが　草むらに　18ぴき　います。 とんで　いる　バッタが　9ひき　います。 あわせて　何《なん》びきに　なりますか。(10×2)

しき

答え

3　答えが　正しければ　○，まちがっていれば，正しい　答えを　□に　書《か》きましょう。(5×4)

(1)

	6	5
+	2	7
	8	2

(2)

	4	8
+	2	6
	7	4

(3)

	7	8
−	2	4
	4	4

(4)

	9	1
−	1	8
	8	3

4　どんぐりひろいを　しました。 ちひろさんは　37こ　ひろいました。 ひとしさんは　56こ　ひろいました。 どちらが　何こ　多《おお》く　ひろいましたか。(10×2)

しき

答え

5　お姉《ねえ》さんは　妹《いもうと》に　42まい　おり紙《がみ》を　あげました。53まい　のこって　います。お姉《ねえ》さんは　はじめに 何まい　もって　いましたか。(10×2)

しき

答え

(A3 141%・B4 122%拡大)

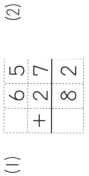

月　日

たし算とひき算のひっ算

名前

1 計算《けいさん》を　しましょう。(4×6)

(1)

	7	2
+	1	6

(2)

	4	6
+	2	8

(3)

	5	3
+	1	7

(4)

	8	6
−	4	3

(5)

	7	2
−	2	7

(6)

	4	3
−	3	5

2 答《こた》えの　たしかめを　します。
□に　あてはまる　数《かず》を　書《か》きましょう。(4×5)

(1)

	5	6
+	4	3
	9	6

たしかめ →

	□	□
+	5	6
	9	6

(2)

	2	7
+	3	3
	6	0

たしかめ →

	3	3
+	□	□
	6	0

(3)

	8	7
−	5	3
	3	4

たしかめ →

	3	4
+	□	□
	8	7

(4)

	9	1
−	1	9
	7	2

たしかめ →

	□	□
+	1	9
	9	1

(5)

	5	2
−	4	3
		9

たしかめ →

	□	□
+	4	3
	□	□

3 ひっ算で　しましょう。(4×14)

(1) 54 + 13　　(2) 7 + 56

(3) 25 + 8　　(4) 46 + 34

(5) 18 + 73　　(6) 6 + 54

(7) 84 − 32　　(8) 92 − 6

(9) 87 − 27　　(10) 72 − 27

(11) 52 − 48　　(12) 50 − 28

(13) 71 − 7　　(14) 63 − 27

(A3 141%・B4 122%拡大)

月　日

たし算とひき算のひっ算

名前

1 赤色《いろ》と　青色の　花が，あわせて　76本　さいて　います。赤色の　花は　39本でした。青色の　花は，何本《なんぼん》　さいて　いますか。(10×2)

しき

答《こた》え

2 2年生の　男の子は　42人です。女の子は，男の子よりも　9人　少《すく》ないです。(5×4)

(1) 女の子は　何人ですか。

しき

答え

(2) 2年生は，男女　あわせて　何人ですか。

しき

答え

3 つぎの　計算《けいさん》は，まちがって　います。どこが　まちがって　いますか。せつ明《めい》しましょう。(5×2)

(1)

	5	4
+	2	7
	7	1

(2)

	6	2
−	2	8
	4	4

4 下の　おかしに　ついて　答えましょう。(5×10)

36円　38円　18円　48円　43円

(1) グミと　あめを　買《か》うと　何円　ですか。

しき

答え

(2) チョコレートは，ポテトチップスより　何円　高《たか》いですか。

しき

答え

(3) 2つ　買って　いちばん　高く　なるのは，何と　何を　買ったときで，何円に　なりますか。

しき

答え

(4) 2つ　買って　いちばん　やすく　なるのは，何と　何を　買ったときで，何円になりますか。

しき

答え

(5) グミと　せんべいを　買って　90円をはらいました。おつりは　何円になりますか。

しき

答え

(A3 141%・B4 122%拡大)

月　日

長　さ

名前

1 長《なが》い　ほうに　○を　つけましょう。(20 × 3)

(1)

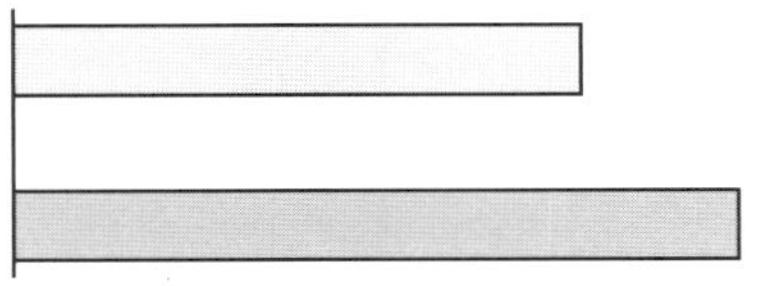

(　　)

(　　)

(2)

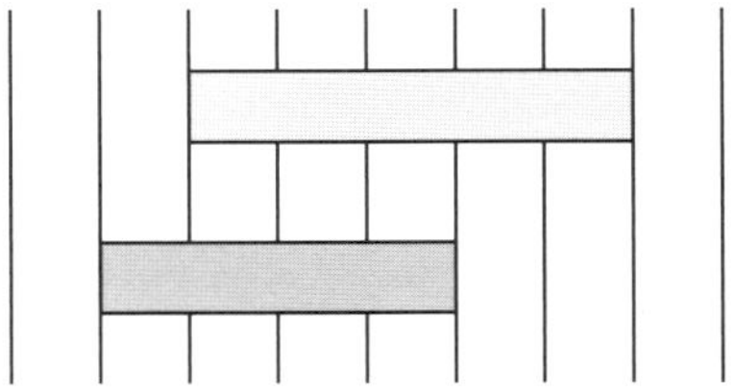

(　　)

(　　)

(3)

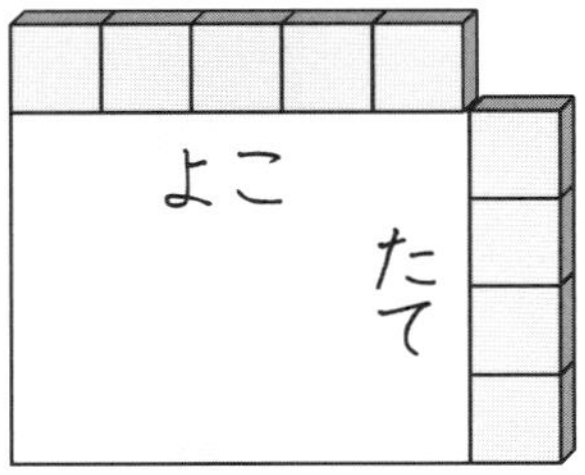

たて (　　)

よこ (　　)

2 ㋐と　㋑の　長さくらべを　して　います。
□に　あてはまる　数《かず》を　書《か》きましょう。(10 × 3)

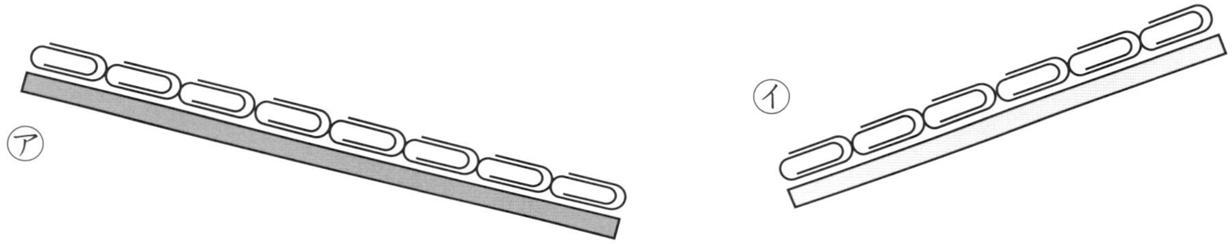

(1) ㋐の　長さは　クリップ □ こ分《ぶん》です。

(2) ㋑の　長さは　クリップ □ こ分です。

(3) ㋐の　ほうが ㋑ よりも □ こ分　長いです。

3 長さくらべを　して　いますが，くらべ方《かた》が　正しく　ありません。
どうすれば　よいのか　書きましょう。(10)

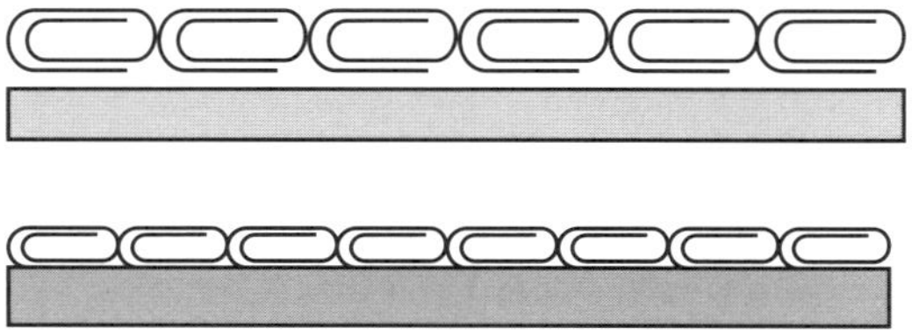

クリップ　6こ分

クリップ　8こ分

　　月　　日

長さ

名前

1 長《なが》さは　どれだけですか。(5×3)

(1)
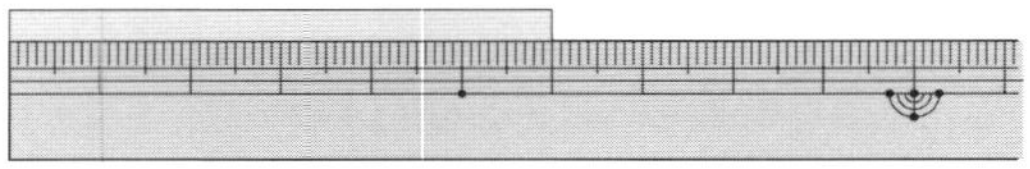

(2)
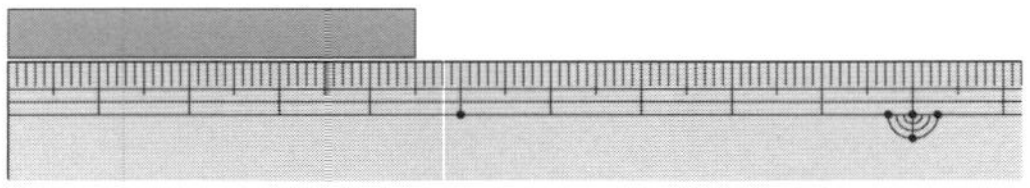

(3)
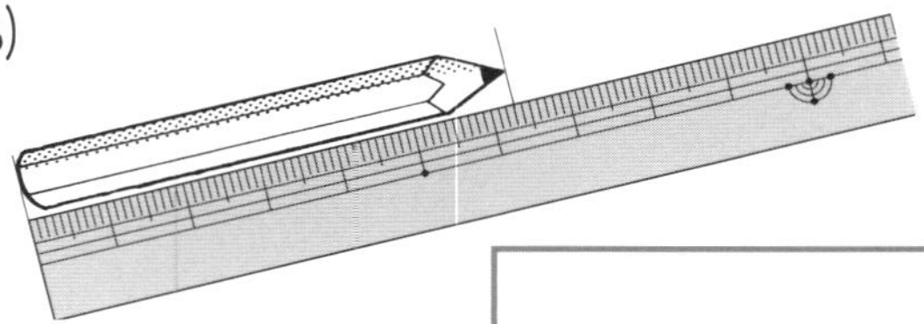

2 つぎの　長さの　直線《ちょくせん》を　|　から　書《か》きましょう。(5×4)

(1) 4cm

(2) 6cm5mm

(3) 5cm2mm

(4) 8mm

3 長い　ほうに　○を　つけましょう。(5×3)

(1) (　) 4cm ― 39mm (　)

(2) (　) 65mm ― 6cm6mm (　)

(3) (　) 1cm ― 9mm (　)

4 □に　あてはまる　数《かず》を　書《か》きましょう。(5×4)

(1) 7cm ＝ □ mm

(2) 30mm ＝ □ cm

(3) 4cm8mm ＝ □ mm

(4) 59mm ＝ □ cm □ mm

5 あてはまる　長さの　たんいに　○を　つけましょう。(5×2)

(1) えんぴつの　長さ　17(cm・mm)

(2) ノートの　あつさ　4(cm・mm)

6 長さの　計算《けいさん》を　しましょう。(5×4)

(1) 8cm4mm ＋ 2cm

(2) 12cm3mm ＋ 5mm

(3) 9cm7mm − 8cm

(4) 8cm6mm − 6mm

(A3 141%・B4 122%拡大)

長　さ

名前

1　２本の　テープが　あります。(10×4)

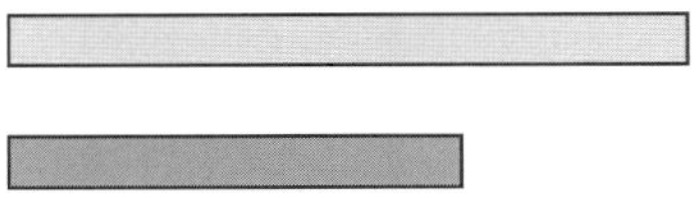

(1)　２本の　テープを　つないだ　長《なが》さを　もとめましょう。

しき

答《こた》え

(2)　２本の　テープの　長さの　ちがいを　もとめましょう。

しき

答え

2　ありから　あめまでの　長さを　もとめましょう。(10×2)

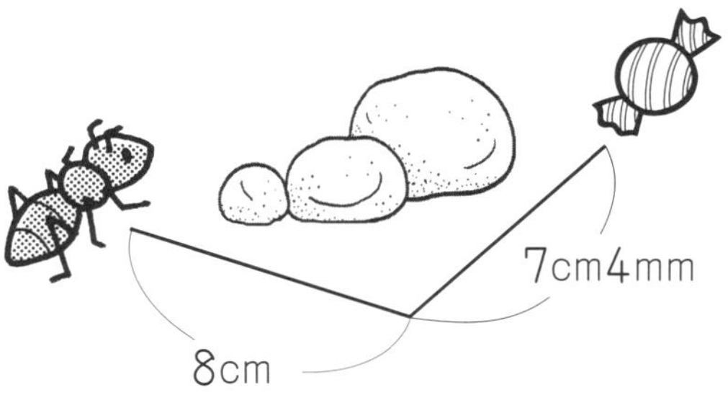

しき

答え

3　２ひきの　さるが，バナナを　とりに　行《い》きます。(10×4)

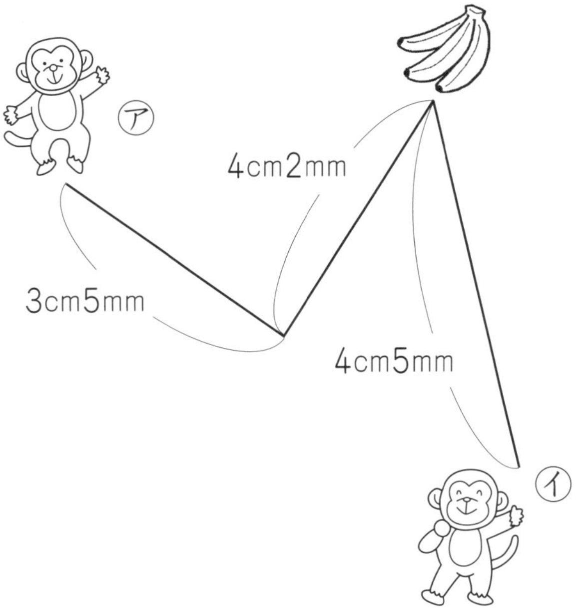

(1)　㋐の　さるから　バナナまでの　長さを　もとめましょう。

しき

答え

(2)　㋐の　さるから　バナナまでの　長さと，㋑の　さるから　バナナまでの　長さの　ちがいを　もとめましょう。

しき

答え

月　日

長さ

名前

1 長《なが》さは　どれだけですか。(4×3)

(1)

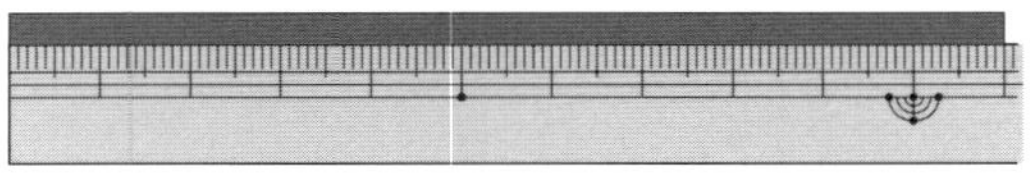

(2)

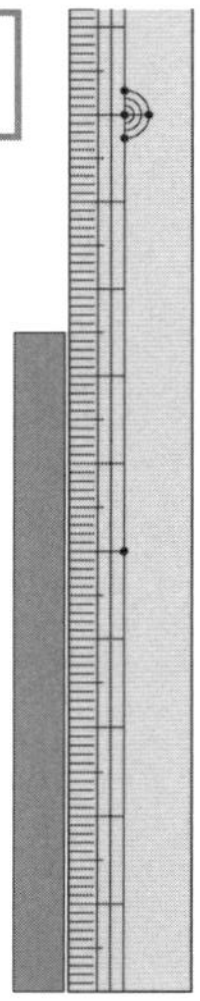

(3)

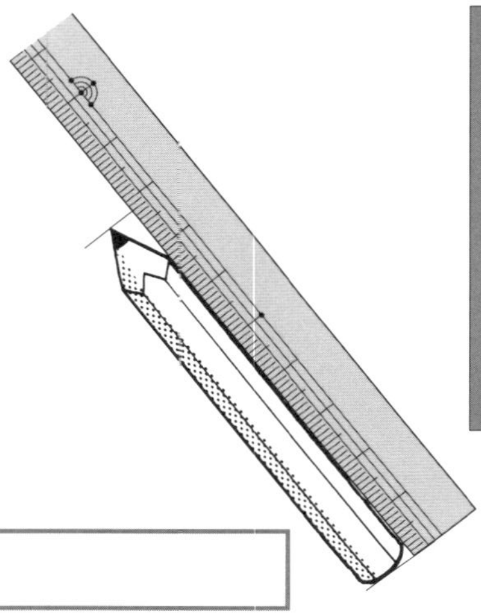

2 □に　あてはまる　数《かず》を　書《か》きましょう。(4×7)

(1) 12cm = □ mm

(2) 60mm = □ cm

(3) 7cm5mm = □ mm

(4) 87mm = □ cm □ mm

(5) 10cm7mm = □ mm

(6) 101mm = □ cm □ mm

(7) 140mm = □ cm

3 つぎの　長さの　直線《ちょくせん》を |…… から　書きましょう。(4×5)

(1) 4cm

(2) 4cm5mm

(3) 5cm2mm

(4) 7mm

(5) 62mm

4 あてはまる　長さの　たんいに　○を　つけましょう。(4×4)

(1) ノートの　あつさ　4 (cm・mm)

(2) 1円玉の　はば　2 (cm・mm)

(3) 1円玉の　あつさ　1 (cm・mm)

(4) はがきの よこの 長さ　10 (cm・mm)

5 長さの　計算《けいさん》を　しましょう。(4×5)

(1) 7cm4mm + 3mm

(2) 3cm4mm + 6cm2mm

(3) 4cm7mm + 3mm

(4) 8cm6mm − 2cm

(5) 7cm4mm − 4mm

(6) 5cm − 5mm

(A3 141%・B4 122%拡大)

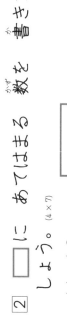

長　さ

名前

1 それぞれの　長《なが》さを　もとめましょう。

(1) カブトムシから　木までの　長さ。(5×6)

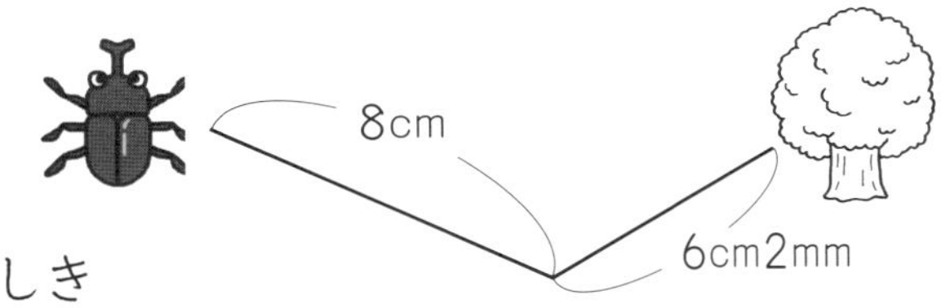
8cm
6cm2mm

しき

答《こた》え

(2) カエルから　池《いけ》までの　長さ。

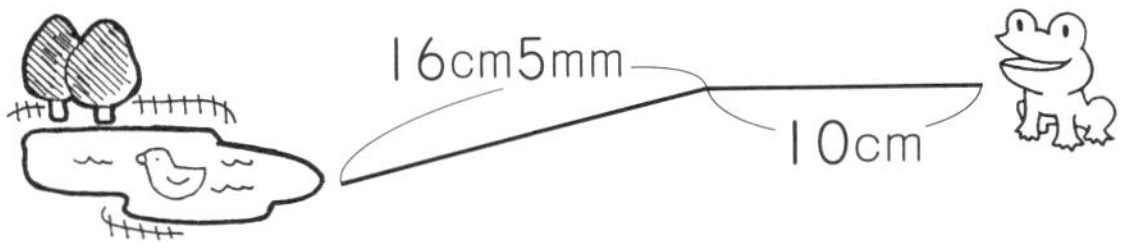
16cm5mm
10cm

しき

答え

(3) ヘビから　あなまでの　長さ。

18cm5mm
8cm2mm

しき

答え

2 ２本の　テープが　あります。(5×4)

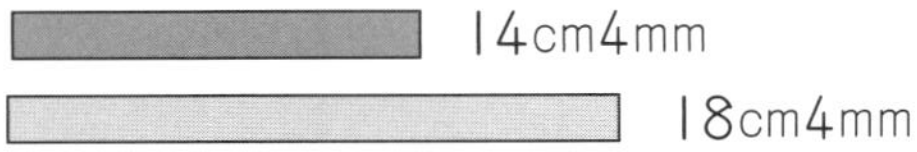
14cm4mm
18cm4mm

(1) ２本の テープを つないだ　長さを　もとめましょう。

しき

答え

(2) ２本の テープの　長さの　ちがいを　もとめましょう。

しき

答え

3 リスが，㋐か　㋑の　どんぐりまで　行《い》きます。(5×6)

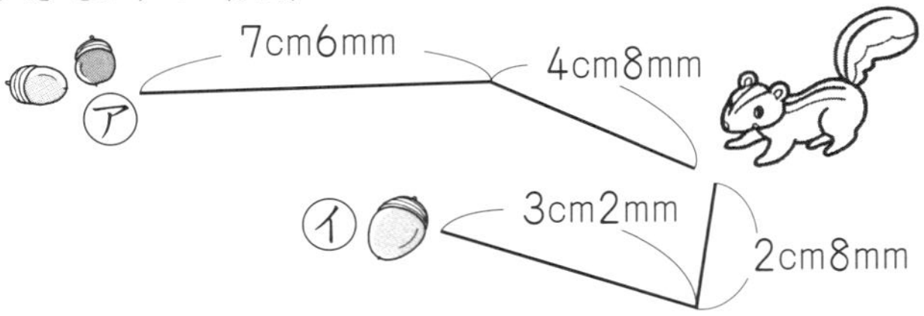
7cm6mm
4cm8mm
㋐
㋑
3cm2mm
2cm8mm

(1) リスから　㋐の　どんぐりまでの　長さを　もとめましょう。

しき

答え

(2) リスから　㋑の　どんぐりまでの　長さを　もとめましょう。

しき

答え

(3) リスから　㋐と　㋑の　どんぐりまでの長さの　ちがいを　もとめましょう。

しき

答え

4 ２本の　えんぴつを　見て　答えましょう。(5×4)

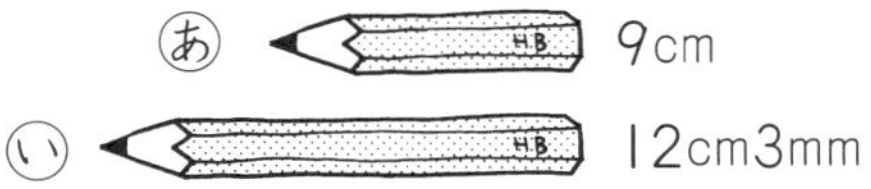
あ
9cm
い
12cm3mm

(1) ㋐の　えんぴつを　5mm　つかいました。どれだけの　長さに　なりましたか。

しき

答え

(2) ㋑の　えんぴつが　9cm6mmに　なりました。つかった　長さを　もとめましょう。

しき

答え

(A3 141%・B4 122%拡大)

月　日

100より大きい数

名前

1　㋐と　㋑の　数《かず》を　しらべましょう。(10×6)

㋐

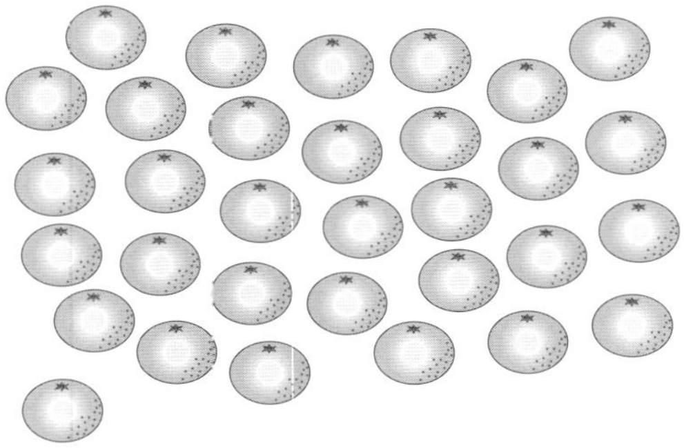

㋑

(1)　㋐と　㋑，それぞれ　10ずつ　線《せん》で　かこみましょう。

(2)　㋐と　㋑は，それぞれ　10が　何《なん》こ，1が　何こ　ありますか。

㋐　10が □ こ，1が □ こ

㋑　10が □ こ，1が □ こ

(3)　下の　㋐と　㋑の　ひょうに　図《ず》，数字《すうじ》，読《よ》み方《かた》の　つづきを　かきましょう。

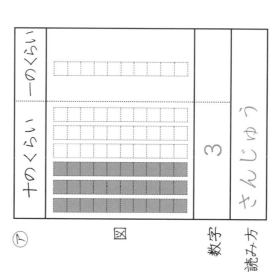

㋐

	十のくらい	一のくらい
図		
数字	3	
読み方	さんじゅう	

㋑

	十のくらい	一のくらい
図		
数字		
読み方		

2　□に　あてはまる　数を　書《か》きましょう。(10×4)

(1)　98 ― 99 ― □ ― □ ― 102

(2)　80 ― 90 ― □ ― □ ― 120

(2)　10が □ こで　100です。

(3)　100よりも　15　大きい　数は □ です。

(A3 141%・B4 122%拡大)

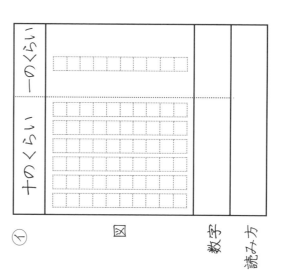

月　日

100 より大きい数

名前

1 つぎの　数《かず》を　数字《すうじ》で　書《か》きましょう。(5 × 4)

(1)

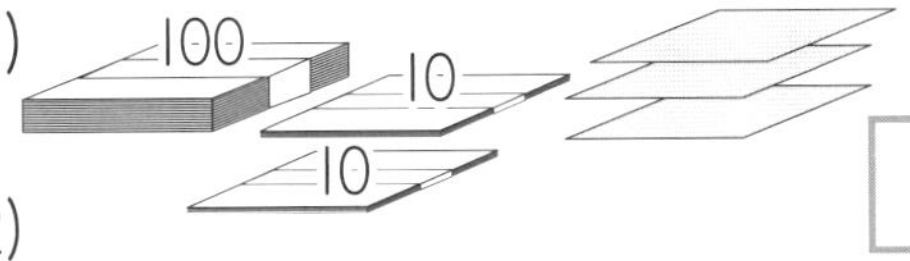
100
10
10

(2)

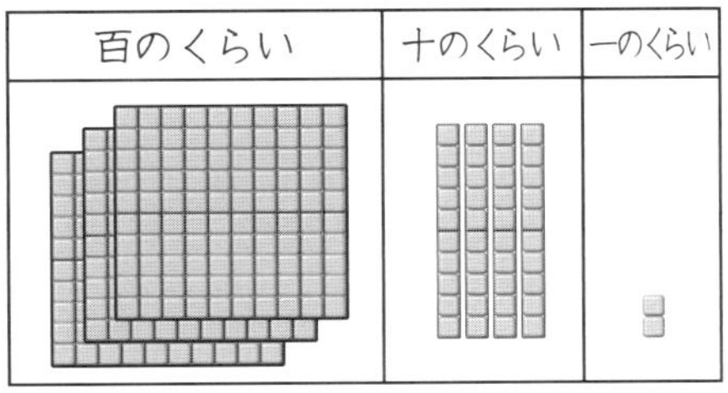
百のくらい
十のくらい
一のくらい

(3)

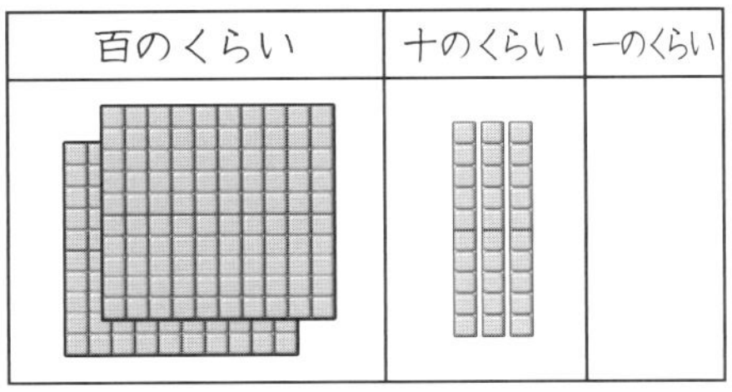
百のくらい
十のくらい
一のくらい

(4)

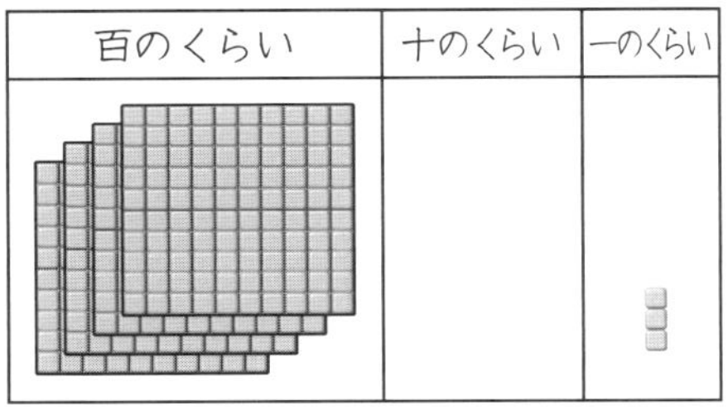
百のくらい
十のくらい
一のくらい

2 つぎの　数を　数字で　書きましょう。(5 × 6)

(1) 八百二十六

(2) 100を　3こと，10を　7こと，1を　2こ　あわせた　数

(3) 100を　5こと，1を　9こ　あわせた　数

(4) 100を　6こと，10を　3こ　あわせた　数

(5) 800よりも　1 小さい　数

(6) 400よりも　10　小さい　数

3 □に　あう　数を　書きましょう。(5 × 2)

(1)

250
300

(2)

950 960 970

4 □に　あてはまる　＞や　＜を　書きましょう。(5 × 2)

(1) 798 □ 789

(2) 401 □ 398

5 つぎの　数を 書きましょう。(5 × 2)

(1) 250は，10を 何《なん》こ　あつめた　数ですか。

□こ

(2) 10を　53こ　あつめた　数は　何ですか。

6 計算《けいさん》を　しましょう。(5 × 4)

(1) 80 + 40

(2) 300 + 500

(3) 150 − 80

(4) 900 − 300

(A3 141%・B4 122%拡大)

月　日

100より大きい数

名前

1　70円の　パンと　90円の　ジュース
を　買《か》いました。あわせて　何円《なん》　ですか。(10×2)

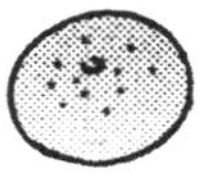 70円　

90円

しき

答《こた》え

2　おり紙《がみ》を　120まい　もって　います。妹《いもうと》に　30まい　あげました。
何まい　のこって　いますか。(10×2)

しき

答え

3　ものがたりの　本は，130ページです。
絵《え》本は，60ページです。
何ページ　ちがいますか。(10×2)

しき

答え

4　580を　いろいろな　見方《かた》で　せつ明《めい》します。□に　あてはまる　数《かず》を　書《か》きましょう。(5×4)

(1)　580は　500と　□　を
あわせた　数です。

(2)　580は　550よりも　□
大きい　数です。

(3)　580は　600よりも　□
小さい　数です。

(4)　580は　10を　□　こ
あつめた　数です。

5　□に　あてはまる　数を　書きましょう。(10×2)

(1)　312　>　3□9

□

(2)　781　<　7□0

□

月　日

100より大きい数

名前

1　つぎの　数《かず》を　数字《すうじ》で　書《か》きましょう。(4×4)

(1)

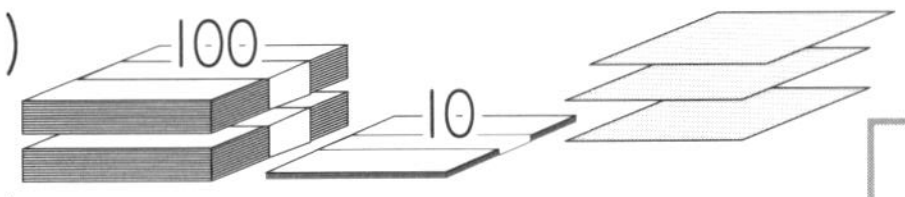
100
10

(2)

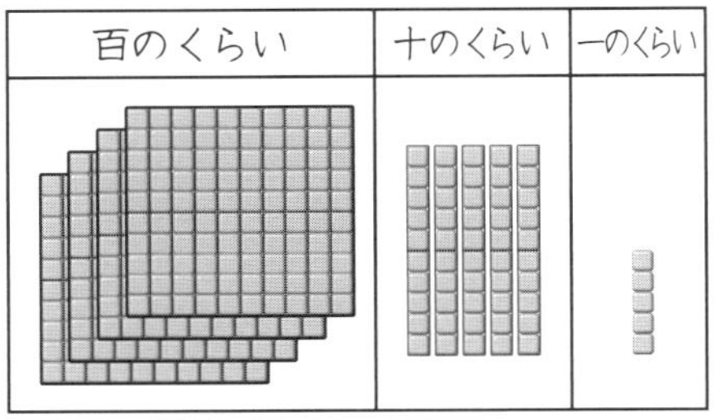
百のくらい
十のくらい
一のくらい

(3)

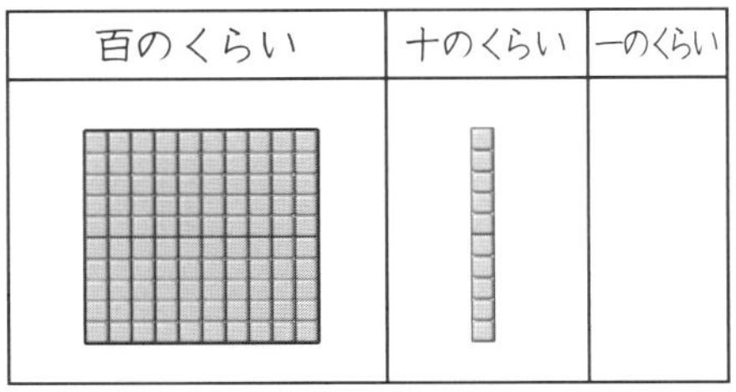
百のくらい
十のくらい
一のくらい

(4)

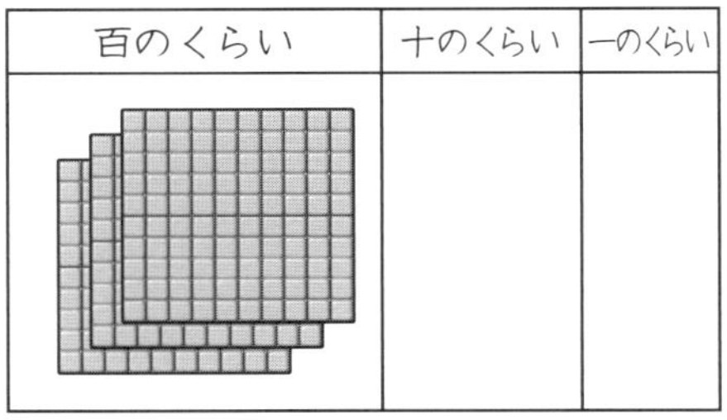
百のくらい
十のくらい
一のくらい

2　□に　あう　数を　書きましょう。(4×2)

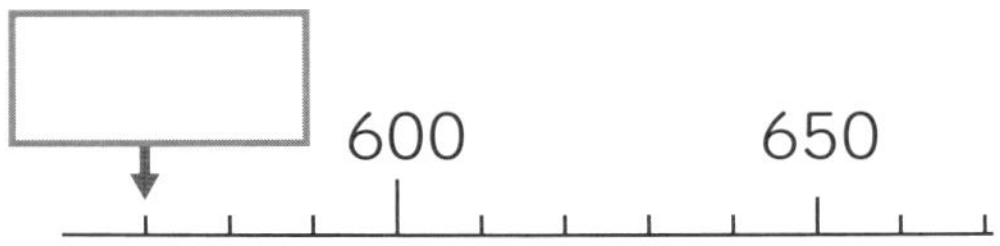
600
650

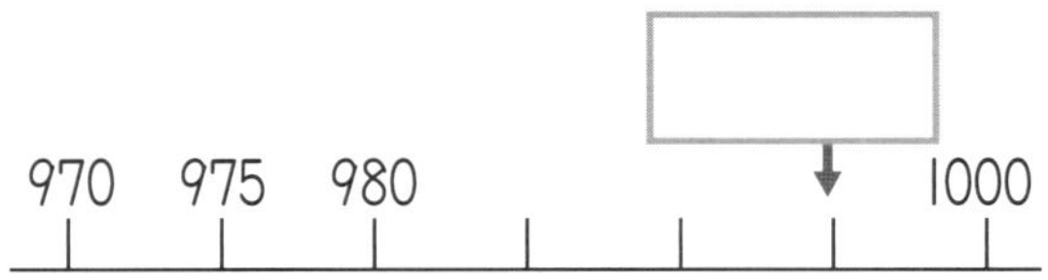
970
975
980
1000

3　□に　あてはまる　＞や　＜を　書きましょう。(4×2)

(1)　785　□　759

(2)　401　□　410

4　つぎの　数を　数字で　書きましょう。(4×10)

(1)　七百十

(2)　二百三

(3)　百のくらいが　4，十のくらいが　8の　数

(4)　百のくらいが　6，一のくらいが　7の　数

(5)　百を　7こ，1を　5こ　あわせた　数

(6)　百を　9こ，十を　6こ　あわせた　数

(7)　800より　5　小さい　数

(8)　1000より　1　小さい　数

(9)　10を　52こ　あつめた　数

(10)　10を　20こ　あつめた　数

5　計算《けいさん》を　しましょう。(4×7)

(1)　60 + 80

(2)　300 + 400

(3)　400 + 600

(4)　160 − 90

(5)　130 − 50

(6)　700 − 200

(7)　1000 − 800

(A3 141%・B4 122%拡大)

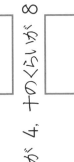

月　日

100 より大きい数

名前

1　80 円の　プリンと　90 円の　ゼリーを　買《か》いました。あわせて　何《なん》円ですか。(10 × 2)

80 円

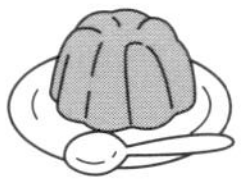

90 円

しき

答《こた》え

2　ちょ金《きん》ばこに　600 円　ありました。さいふに　200 円　ありました。あわせて　いくら　ありますか。(10 × 2)

しき

答え

3　140 円を　もって　おかしを　買いに　行《い》きました。80 円の　クッキーは　かならず　買《か》います。もう　1 つ　買えるのは　どれと　どれですか。理《り》ゆうも　せつ明《めい》しましょう。

80 円

80 円

50 円

60 円

(5 × 2)

(10)

4　下の　数《かず》を　いろいろな　見方《かた》で　せつ明します。□に　あてはまる　数を　書《か》きましょう。(5 × 6)

(1)　370

370 は　300 と　□　を　あわせた　数です。

370 は　400 よりも　□　小さい　数です。

370 は 10 を　□　こ　あつめた　数です。

(2)　600

600 は　500 と　□　を　あわせた　数です。

600 は　1000 よりも　□　小さい　数です。

600 は　10 を　□　こ　あつめた　数です。

5　□に　あてはまる　数を　すべて　書きましょう。(5 × 2)

(1)　375　<　3□1

□　□

(2)　322　>　□72

□　□

(A3 141%・B4 122%拡大)

月　　日

水のかさ

名前

1 どちらが　多《おお》いか　くらべる　ことが　できる　ものには　○を　つけましょう。
くらべられない　ものには　×を　つけましょう。(10×4)

(1) (　　)

太《ふと》さの
ちがう
いれもの

(2) (　　)

同《おな》じ
大きさの
びん

(3) (　　)

同じ　水そう

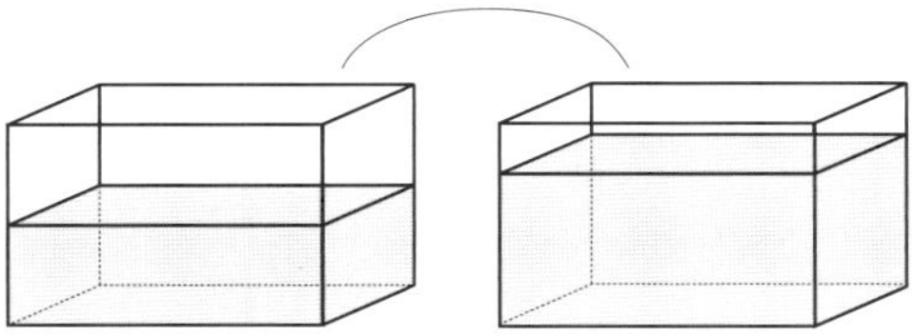

(4) (　　)

大きさの　ちがう　コップ

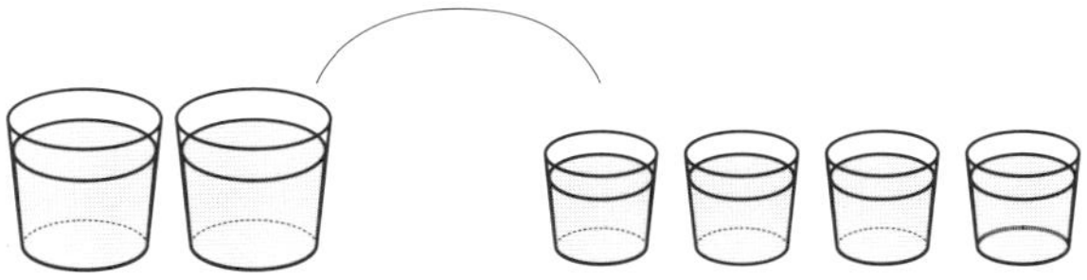

2 入って　いる　水の　かさの　多い　ほうに　○を　つけましょう。(20×3)

(1) 同じ　大きさの　水そうを　つかって

(　　)　(　　)

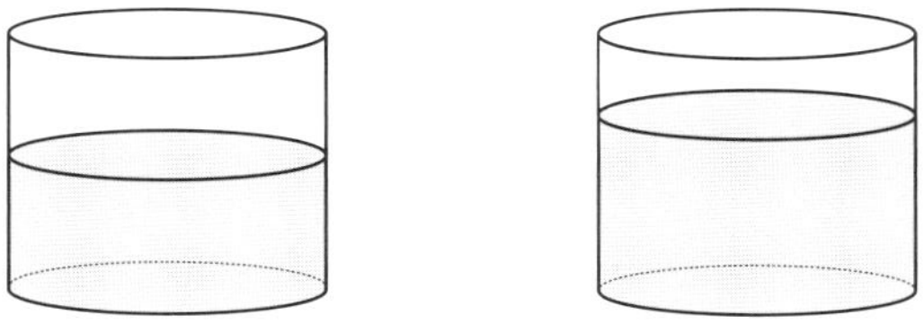

(2) 同じ　大きさの　コップに　うつして

(　　)

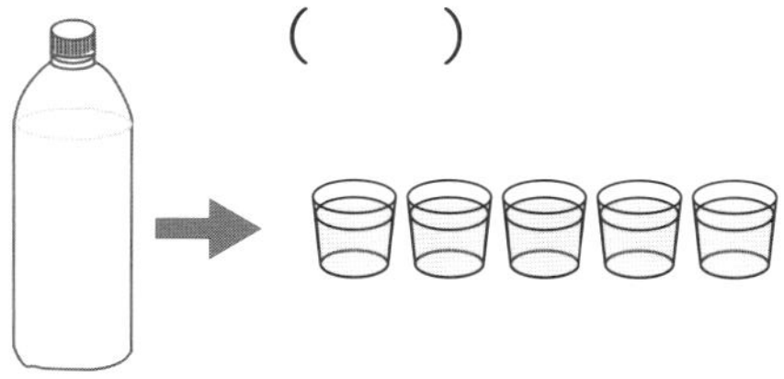

(　　)

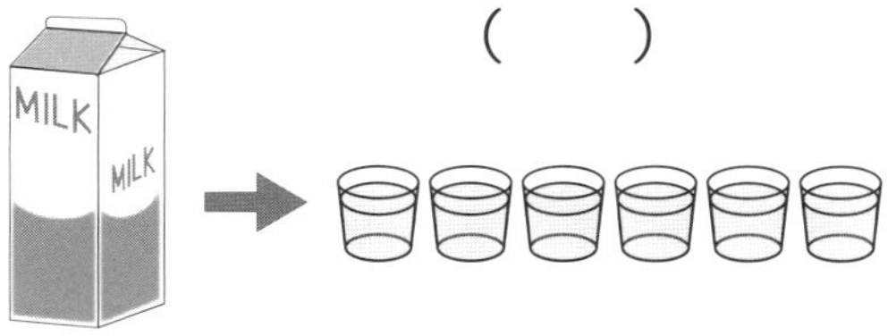

(3) 同じ　大きさの　コップに　うつして

(　　)

(　　)

(A3 141%・B4 122%拡大)

知識技能 A　　　　月　　日

水のかさ

名前

1 図《ず》の　水の　かさは　どれだけですか。(5 × 2)

(1)

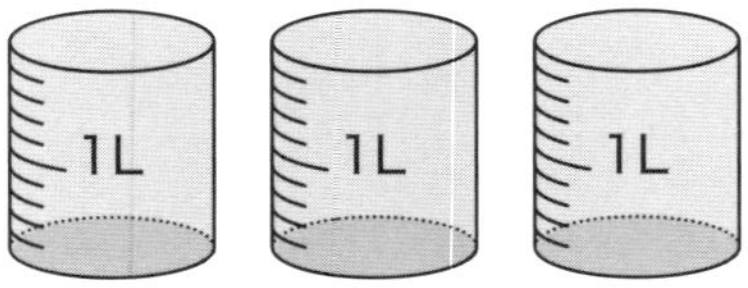

□

(2)

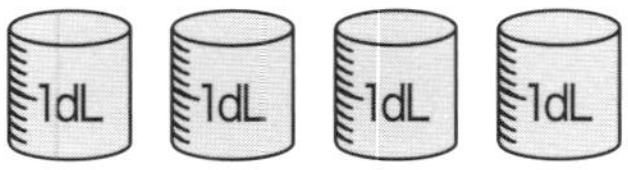

□

2 □に　あてはまる　数《かず》を　書《か》きましょう。(5 × 3)

(1)　1L = □ dL

(2)　1L = □ mL

(3)　1dL = □ mL

3 図の　水の　かさは，何《なん》L 何 dL ですか。また，それは　何 dL ですか。(5 × 6)

(1)

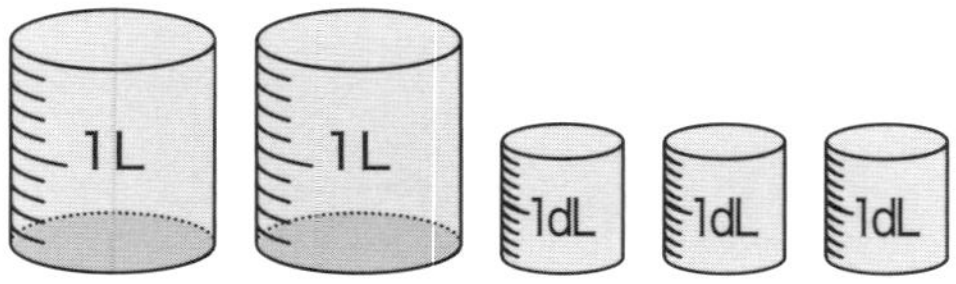

□ L □ dL，□ dL

(2)

□ L □ dL，□ dL

(3)

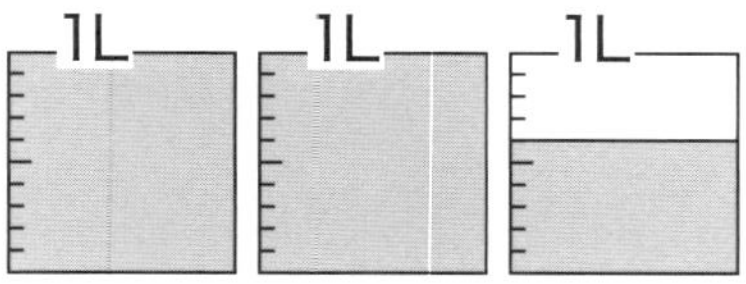

□ L □ dL，□ dL

4 □に　あてはまる　かさの　たんいを　書きましょう。(5 × 3)

(1)　ペットボトルに　入る　水

500 □

(2)　カップに　入る　水

2 □

(3)　やかんに　入る　水

3 □

5 水の　かさの　計算《けいさん》を　しましょう。(5 × 6)

(1)　2L4dL + 5dL

(2)　4L7dL + 5L

(3)　3L8dL + 2dL

(4)　5L9dL − 6dL

(5)　6L2dL − 3L

(6)　9L7dL − 7dL

(A3 141%・B4 122%拡大)

月　日

水のかさ

名前

1　Ⓐの　なべには　1Lますで　2はい　水を　入れました。
　Ⓘの　なべには　1Lますで　3ばいと　1dLますで　5はい　水を　入れました。(10×6)

Ⓐ 
1Lで　2はい

Ⓘ 
1Lで　3ばいと
1dLますで　5はい

(1)　Ⓐの　なべと　Ⓘの　なべには，それぞれ　水が　どれだけ　入って　いますか。

Ⓐの　なべ

Ⓘの　なべ

(2)　2つの　なべに　入って　いる　水の　かさの　ちがいは　どれだけですか。

しき

答《こた》え

(3)　2つの　なべの　水を　あわせると　水の　かさは　どれだけに　なりますか。

しき

答え

3　水とうに　おちゃが　1L7dL　ありました。5dL　のみました。
　のこって　いる　おちゃは，どれだけですか。(10×2)

しき

答え

4　水そうに　5L4dL　水が　入って　います。バケツで　水を　4L　入れました。
　水そうの　水は　どれだけに　なりましたか。(10×2)

しき

答え

(A3 141%・B4 122%拡大)

月　日

水のかさ

名前

1 図《ず》の 水の かさは 何《なん》L何dLですか。また，それは 何dL ですか。(4 × 10)

(1)

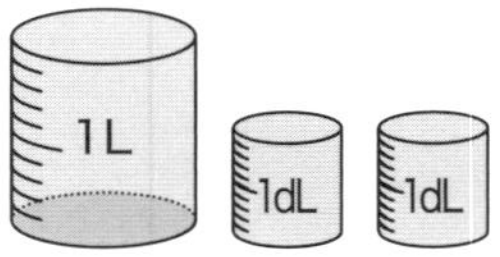

□ L □ dL　□ dL

(2)

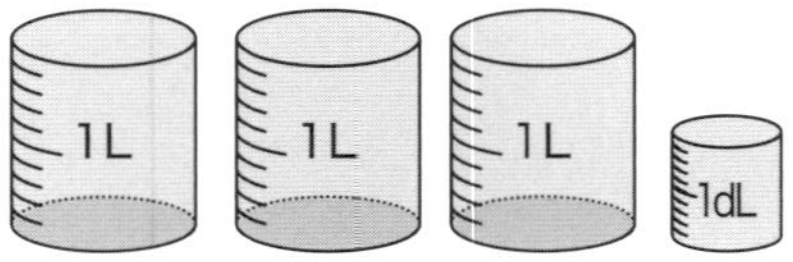

□ L □ dL，□ dL

(3)

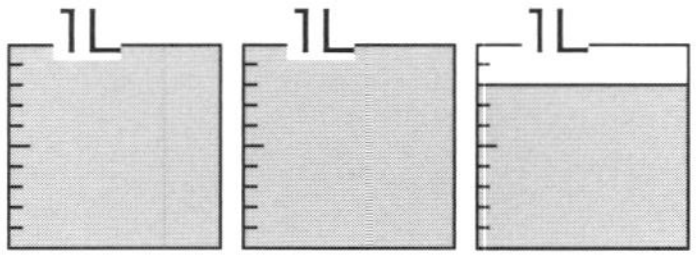

□ L □ dL，□ dL

(4)

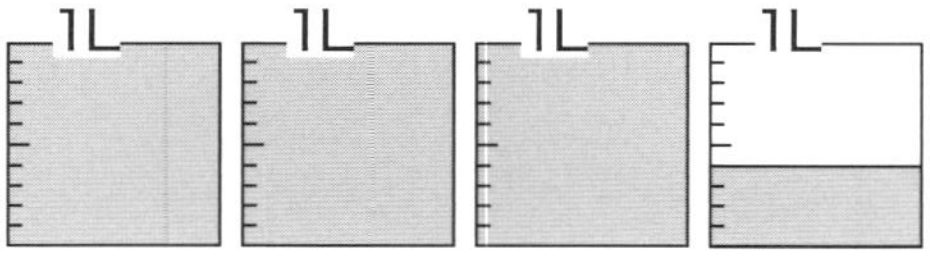

□ L □ dL，□ dL

(5)

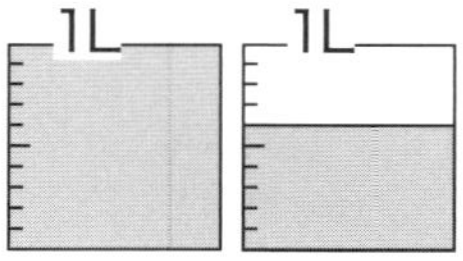

□ L □ dL，□ dL

2 □に あう 数《かず》を 書《か》きましょう。(4 × 3)

(1) 1L = □ mL

(2) 1dL = □ mL

(3) 30dL = □ L

3 □に あてはまる かさの たんいを 書きましょう。(4 × 4)

(1) きゅうしょくの 牛《ぎゅう》にゅうパック

200 □

(2) 大きな ペットボトルの お茶《ちゃ》

2 □

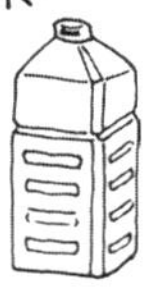

(3) 水とうに 入る 水

5 □

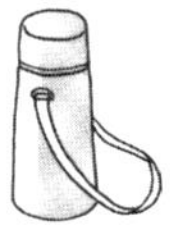

(4) かんジュース

350 □

4 水の かさの 計算《けいさん》を しましょう。(4 × 8)

(1) 3L6dL ＋ 3dL

(2) 5L8dL ＋ 4dL

(3) 4L2dL ＋ 8dL

(4) 2L6dL ＋ 1L7dL

(5) 3L9dL － 4dL

(6) 6L2dL － 6L

(7) 3L5dL － 7dL

(8) 3L6dL － 1L2dL

(A3 141%・B4 122%拡大)

月　日

水のかさ

名前

1　あの　バケツに，1Lますで　5はいと　1dLますで　7はい　水を　入れました。いの　バケツには，1Lますで　6ぱいと，1dLますで　5はい　水を入れました。(5×6)

あ　1Lで　5はいと　1dLますで　7はい

い　1Lで　6ぱいと　1dLますで　5はい

(1)　あの　バケツと　いの　バケツには，それぞれ　水が　どれだけ　入って　いますか。

あの　バケツ

いの　バケツ

(2)　2つの　バケツに　入って　いる　水の　かさの　ちがいは　どれだけですか。

しき

答《こた》え

(3)　2つの　バケツの　水を　あわせると　水の　かさは　どれだけに　なりますか。

しき

答え

2　牛《ぎゅう》にゅうが　1L　ありました。3dL　のみました。のこりは　何《なん》dLですか。また，それは　何mLですか。(5×3)

しき

答え　dL

mL

3　水そうに　水が　3L7dL　ありました。1dLますで　3ばい　水を　入れました。水は　どれだけに　なりましたか。3つの　たんいで　答えましょう。(5×4)

しき

答え　L

dL

mL

4　1L5dLの　コーヒーと　5dLの　牛にゅうを　あわせて，ミルクコーヒーを　作《つく》ります。ミルクコーヒーは　どれだけ　できますか。3つの　たんいで　答えましょう。(5×4)

しき

答え　L

dL

mL

5　サラダあぶら　300mLと　す100mLを　あわせて　ドレッシングを　作ります。何mLの　ドレッシングが　できますか。また，それは　何dLですか。(5×3)

しき

答え　mL

dL

(A3 141%・B4 122%拡大)

学習準備

月　日

時間と時こく

名前

[1] 何《なん》時《じ》何《なん》分《ぷん》ですか。 (10×6)

(1)

(2)

(3)

(4)

(5)

(6)

[2] 何時何分ですか。 (5×8)

(1)

(2)

(3)

(4)

(5)

(6)

(7)

(8)

(A3 141%・B4 122%拡大)

月　　日

時間と時こく

名前

1 □に　あてはまる　数《かず》を　書《か》きましょう。(5 × 2)

(1) 1 時間《じかん》 ＝ □ 分《ぶん》

(2) 1 日 ＝ □ 時間

2 つぎの　時こくを　午前《ごぜん》，午後《ごご》を　つかって　書きましょう。(10 × 4)

(1) 朝《あさ》，学校へ　行《い》く　時こく

□ 時　分

(2) 2 時間目が　おわった　時こく

□ 時　分

(3) 学校から　帰《かえ》る　時こく

□ 時　分

(4) 夜《よる》　ねる　時こく

□ 時　分

3 下の　時計《とけい》を　見て　つぎの　時こくを　書き　ましょう。(10 × 3)

(1) 1 時間前の　時こく

□

(2) 30 分(間)後の　時こく

□

(3) 1 時間後の　時こく

□

4 つぎの　時間を　書きましょう。(10 × 2)

(1) 9 時 10 分から　9 時 25 分　までの　時間

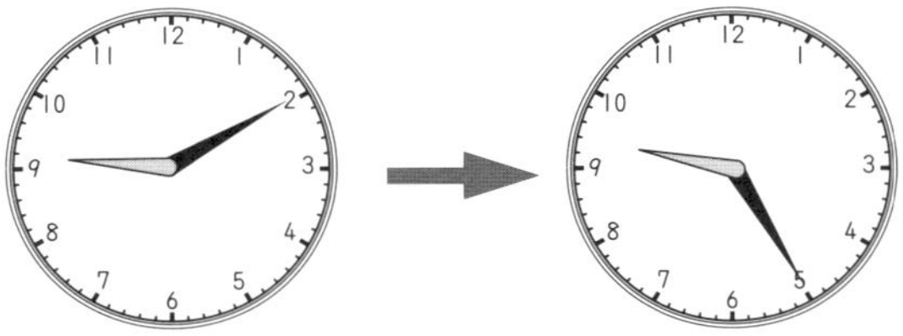

□

(2) 午前 11 時から　午後 4 時　までの　時間

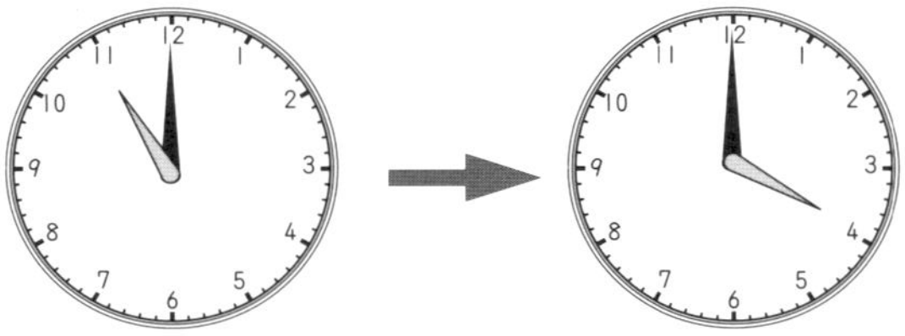

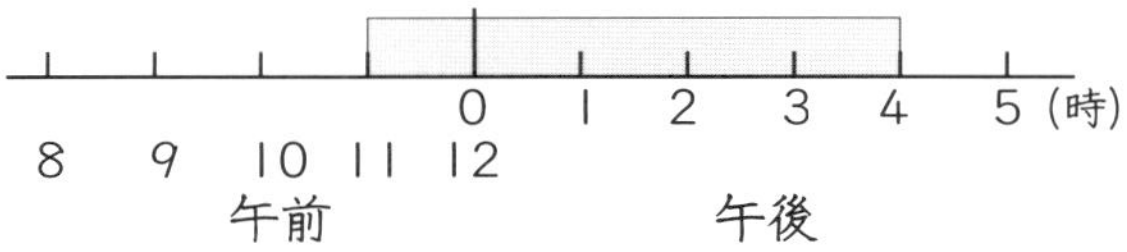

□

(A3 141%・B4 122%拡大)

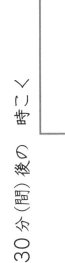

思考判断表現Ａ　　月　日

時間と時こく

名前

1 れなさんは，午前《ごぜん》８時《じ》に 家《いえ》を出て，学校へ 行《い》きます。(15 × 2)

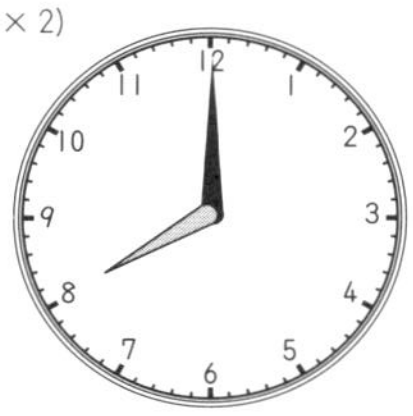

家を 出た 時こく

(1) 学校に 午前８時15分《ふん》に つきました。学校まで，何《なん》分間《かん》 かかりますか。

(2) 午後《ごご》３時に 家に 帰《かえ》りました。学校へ 行って 帰《かえ》るまで，何時間ですか。

2 けんとさんは 家を 出て，30分間かかって ３時40分に えきに つきました。(15 × 2)

えきに ついた 時こく

(1) 家を 出たのは，何時何分ですか。

(2) えきに ついてから 15分後《あと》に 電《でん》車に のりました。電車に のったのは，何時何分ですか。

3 かずきさんは えい画《が》を 見に 行きました。はじまるまで，20分間 まちました。かずきさんは，何時何分から まっていましたか。(20)

えい画が はじまった 時こく

4 さらさんは，４時10分に しゅくだいを はじめて ４時55分に おわりました。さらさんは，何分間 しゅくだいを して いましたか。(20)

しゅくだいを はじめた 時こく

(A3 141%・B4 122%拡大)

時間と時こく

名前

1　□に　あてはまる　数《かず》を　書《か》きましょう。(5×5)

(1)　1時間《じかん》　＝　□　分《ぷん》

(2)　1時間20分間　＝　□　分

(3)　100分間＝　□　時間　□　分

(4)　1日　＝　□　時間

(5)　午前《ごぜん》と　午後《ごご》は　それぞれ　□　時間

2　つぎの　時こくを　午前，午後を　つかって　書きましょう。(5×5)

(1)　朝《あさ》，おきた　時こく

□時　分

(2)　3時間目が　はじまる　時こく

□時　分

(3)　学校を　出る　時こく

□時　分

(4)　夕《ゆう》ごはんを　食べる　時こく

□時　分

(5)　夜《よる》　ねる　時こく

□時　分

3　時計《とけい》を　見て，つぎの　時こくを　書きましょう。(5×6)

(1)

1時間前の　時こく　□

30分(間)後の　時こく　□

1時間後の　時こく　□

(2)

30分(間)前の　時こく　□

1時間前の　時こく　□

1時間後の　時こく　□

4　つぎの　時間を　書きましょう。(5×4)

(1)　6時10分から　6時25分までの　時間

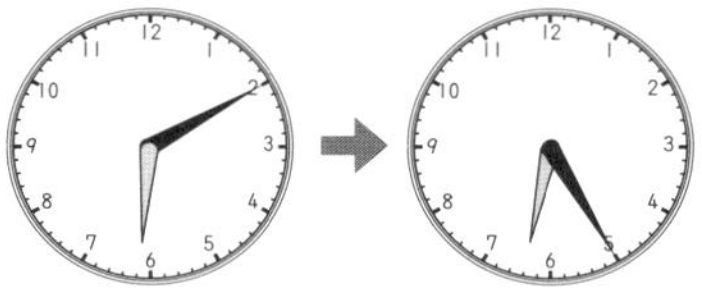

□

(2)　3時30分から　3時50分までの　時間

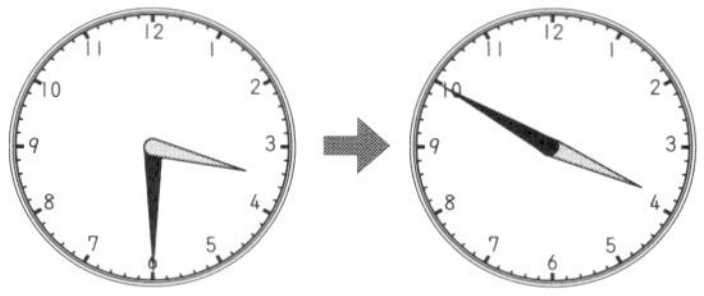

□

(3)　午前8時から　午後1時までの　時間

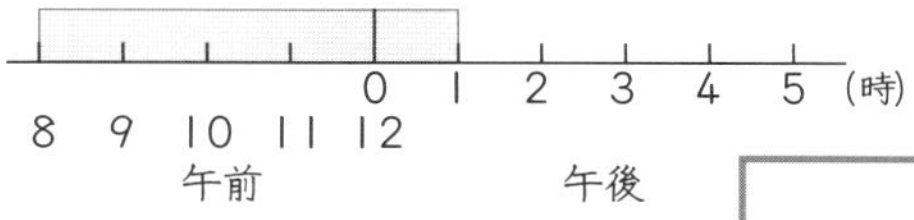

□

(4)　午前10時から　午後5時までの　時間

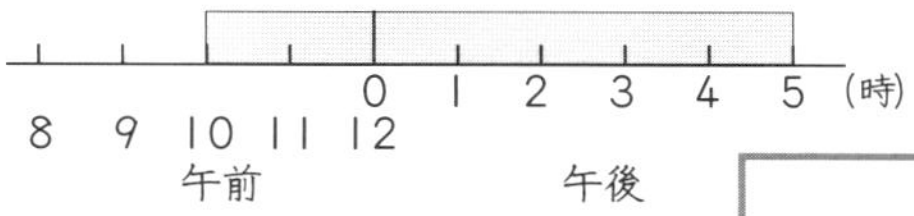

□

(A3 141%・B4 122%拡大)

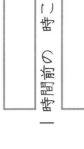

月　　日

時間と時こく

名前

1　しゅんさんは，電車《でんしゃ》に　のって　となりの町へ　行き，えい画を　見て　帰《かえ》りました。(10×5)

(1)　午前《ごぜん》８時《じ》に　家を　出て，８時20分に　えきに　つきました。えきまで　何分間《なんぷんかん》　かかりましたか。

家を　出た　時こく

(2)　30分間　電車に　のると，８時55分に　となりの町に　つきました。何時何分に　電車に　のりましたか。

電車が　ついた　時こく

(3)　えい画かんに　９時15分に　ついて　まって　いると，えい画は　９時40分に　はじまりました。えい画かんに　ついて　何分間まちましたか。

えい画かんに　ついた　時こく

(4)　えい画は，ちょうど　１時間　ありました。えい画が　おわったのは　何時何分ですか。

(5)　えい画を　見て　家《いえ》に　帰ったのは　午後１時でした。家を　出て　何時間たって　いますか。

2　りょうさんの　日曜日の　すごし方《かた》です。(10×5)

(1)　りょうさんは，午前７時30分に　おきて　１時間　たってから　朝《あさ》ごはんを　食《た》べました。何時何分に　朝ごはんを　食べましたか。

おきた　時こく

(2)　９時15分に　本を　読《よ》みはじめ，９時50分まで　本を　読みました。何分間　本を　読みましたか。

本を　読みはじめた　時こく

(3)　つぎに，30分間　お手つだいを　して，10時40分に　おわりました。何時何分から　お手つだいを　しましたか。

お手つだいが　おわった　時こく

(4)　午後１時から　午後４時まで，友《とも》だちと　あそびました。何時間　あそびましたか。

(5)　夜，15分間　おふろに　入って，午後７時35分に　おふろから　出ました。何時何分に　おふろに　入りましたか。

おふろから　出た　時こく

(A3 141%・B4 122%拡大)

月　日

計算のくふう

名前

1 たし算《さん》を　しましょう。(5 × 10)

(1) 32 + (8 + 2)

(2) 49 + (5 + 5)

(3) 57 + (6 + 4)

(4) 63 + (4 + 3)

(5) 82 + (5 + 3)

(6) 55 + (3 + 2)

(7) 39 + (12 + 8)

(8) 67 + (13 + 7)

(9) 139 + (28 + 2)

(10) 148 + (43 + 7)

2 たし算が　しやすく　なるように　くふうします。先に　計算《けいさん》すると　よい　たし算を □ に　書《か》きましょう。(5 × 4)

れい　9 + 5 + 5　[5 + 5] を　先に　する

(1) 9 + 13 + 7
□ を　先に　する

(2) 28 + 36 + 4
□ を　先に　する

(3) 45 + 27 + 5
□ を　先に　する

(4) 18 + 69 + 2
□ を　先に　する

3 □ に　あてはまる ＞，＜，＝を　書きましょう。(5 × 6)

(1) 100 □ 50 + 70

(2) 100 □ 130 − 40

(3) 100 □ 150 − 50

(4) 100 □ 120 − 30

(5) 70 + 34 + 6 □ 70 + (34 + 6)

(6) 38 + 47 + 2 □ 38 + 2 + 47

(A3 141%・B4 122%拡大)

月　日

計算のくふう

名前

1　木に　鳥《とり》が　18羽《わ》　とまって　います。
そこへ　6羽　とんで　来《き》ました。
また，4羽　とんで　来ました。
鳥は，何《なん》羽に　なりましたか。(10×6)

(1)　はじめに　いた　鳥に　じゅんに　たす　考《かんが》え方《かた》で，1つの　しきに　書《か》いて　答《こた》えを　もとめましょう。

しき

答《こた》え

(2)　後《あと》から　来た　鳥は，あわせて　何羽ですか。

しき

答え

(3)　後から　来た　鳥を　まとめて　たす　考え方で　答えを　もとめます。

(　　)の　中に　(2)で　作《つく》った　しきを　入れて，1つの　しきに　書いて　答えを　もとめましょう。

しき

18＋(　　　)

答え

2　公園《こうえん》に　男の子が　14人　います。
後から　男の子が　3人，女の子が　7人　やって　来ました。
公園に　いる　子どもは，何人に　なりましたか。(10×4)

(1)　公園に　来た　じゅんに　あわせる　考え方で，1つの　しきに　書いて，答えを　もとめましょう。

しき

答え

(2)　後から　来た　子どもを　まとめる　考え方で，(　　)を　つかって　1つのしきに　書いて，答えを　もとめましょう。

しき

答え

(A3 141%・B4 122%拡大)

計算のくふう

名前

1　おかしやで　30円の　あめを　買《か》いました。スーパーで　40円の　きゅうりと　160円の　キャベツを　買いました。いくらに　なりますか。(5×4)

(1)　買いものを　した　じゅんに　たす考《かんが》え方《かた》で，1つの　しきに　書《か》き，答《こた》えを　もとめましょう。

しき

答《こた》え

(2)　スーパーで　買った　野《や》さいの　ねだんを　まとめて　たす　方《ほう》ほうで　考えます。(　　)を　つかって　1つの　しきに書き，答えを　もとめましょう。

しき

答え

2　えんぴつを　16本　もって　いました。おかあさんから　7本　もらい，おばあさんから　3本　もらいました。えんぴつは，何《なん》本に　なりましたか。

もらった　えんぴつの　本数《すう》を　まとめて　たす　方ほうで　考えます。
(　　)を　つかって，1つの　しきに書き，答えを　もとめましょう。(10×2)

しき

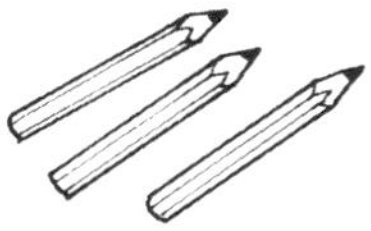

答え

3　ちゅう車場《じょう》に，車が　17台《だい》　止まっています。そこへ　6台　入って　来《き》ました。その後《あと》，4台　入って　来ました。ちゅう車場に　止まって　いる　車は，何台に　なりましたか。(10×4)

(1)　はじめに　止まって　いた車の　数《かず》に，じゅんに　たす　方ほうで考えます。
1つの　しきに　書き，答えを　もとめましょう。

しき

答え

(2)　後から　入って　来た　車の　数を　まとめて　たす　方ほうで　考えます。
(　　)を　つかって　1つの　しきに　書き，答えを　もとめましょう。

しき

答え

4　チョウが　19ひき　います。そこへ5ひき　とんで　来ました。その後にまた　5ひき　とんで　きました。後から　とんで　来た　チョウの　数を，まとめて　たす　方ほうで　考えます。
(　　)を　つかって　1つの　しきに書き，答えを　もとめましょう。(10×2)

しき

答え

(A3 141%・B4 122%拡大)

月　日

3けたの数のひっ算

名前

1 つぎの　計算《けいさん》を　ひっ算で　しましょう。(5×8)

(1) 58 + 34　(2) 54 + 26　(3) 9 + 87　(4) 65 + 28

(5) 53 − 18　(6) 38 − 35　(7) 60 − 9　(8) 62 − 8

2 つぎの　数《かず》を　数《すう》字で　書《か》きましょう。(5×3)

(1)
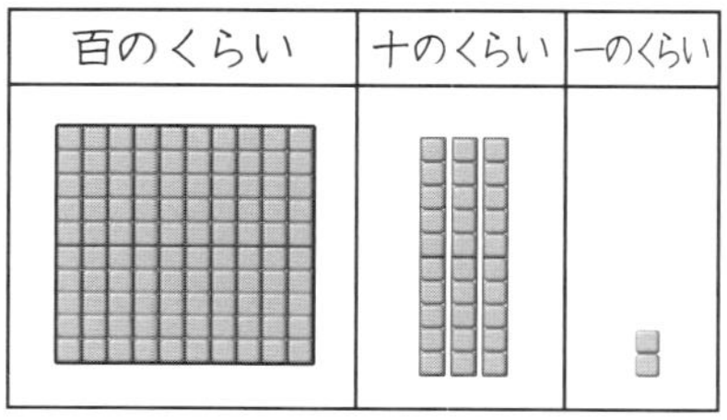
百のくらい
十のくらい
一のくらい

(2)
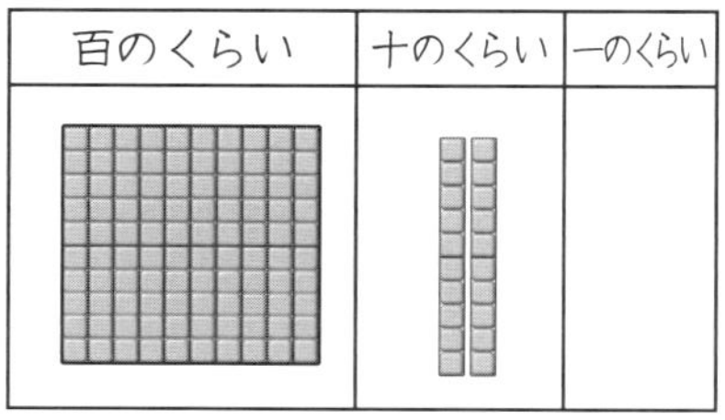
百のくらい
十のくらい
一のくらい

(3)
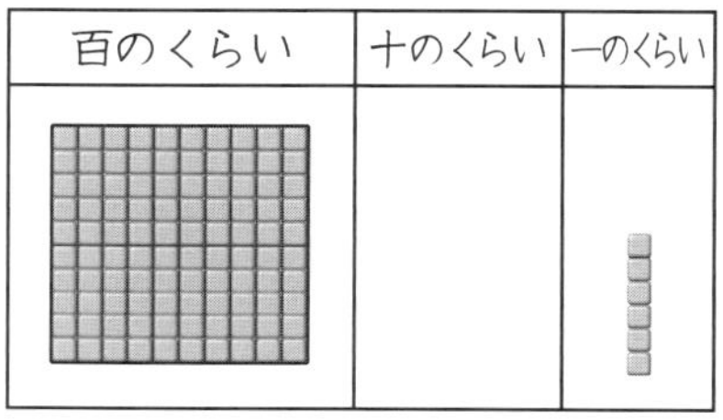
百のくらい
十のくらい
一のくらい

3 □に　あてはまる　数を　書きましょう。(5×3)

98 ― 99 ― □ ― □ ― 102 ― □ ― 104

85 ― 90 ― □ ― □ ― □ ― 110 ― 115

70 ― 80 ― □ ― □ ― 110 ― □ ― □

4 あめが，45こ　あります。18こ　食《た》べました。あめは，何《なん》こ　のこって　いますか。(5×2)

しき

答え

5 赤い　花が　26本，白い　花が　27本　さきました。ぜんぶで　何本　さきましたか。(5×2)

しき

答え

6 るみさんは　72ページ，しゅんさんは　56ページ　本を　読《よ》みました。2人が　読んだ　ページの　ちがいは，何ページですか。(5×2)

しき

答え

(A3 141%・B4 122%拡大)

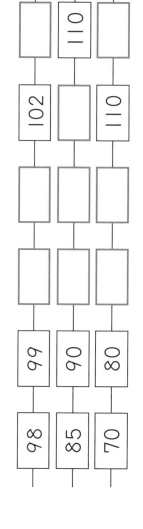

月　日

3けたの数のひっ算

名前

1 65＋73の 計算《けいさん》を します。
□に あてはまる 数《かず》を 書《か》きましょう。(5×4，各行完答)

	6	5
＋	7	3

一のくらいの 計算

□ ＋ □ ＝ □

十のくらいの 計算

6＋7＝13

十のくらいに □ を 書き，

百のくらいに □ くり上げる。

65＋73の 答えは □ です。

2 148－93の 計算を します。
□に あてはまる 数を 書きましょう。(5×4，各行完答)

	1	4	8
－		9	3

一のくらいの 計算

□ － □ ＝ □

十のくらいの 計算

□ から □ は，ひけないから

百のくらいから 1 くり下げる。

□ － □ ＝ □

148－93の 答えは □ です。

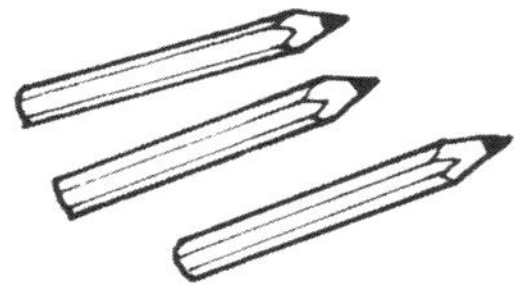

3 計算を しましょう。(5×4)

(1)

	5	3
＋	7	4

(2)

	6	8
＋	9	7

(3)

	1	3	9
－		4	3

(4)

	1	5	2
－		6	4

4 ひっ算で 計算を しましょう。(5×8)

(1) 87＋67

(2) 76＋58

(3) 42＋68

(4) 7＋98

(5) 135－87

(6) 112－59

(7) 102－64

(8) 105－8

(A3 141%・B4 122%拡大)

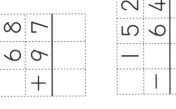

月　　日

3けたの数のひっ算

名前

1 電車《でん》に 143人 のって いました。
つぎの えきで 38人 おりました。
電車に のって いる 人は，何人《なん》ですか。(10×2)

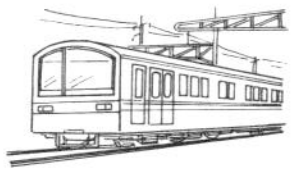

しき

答え

2 2年生は，男子が 56人，女子が 54人です。あわせて 何人ですか。(10×2)

しき

答え

3 なわとびを しました。
しょうごさんは，89回 とびました。
みおさんは，106回 とびました。
どちらが 何回 多《おお》く とびましたか。(10×2)

しき

答え

4 くだものを 買《か》いに 行《い》きました。(10×4)

88円　79円　135円

(1) バナナ と みかんを 買うと，何円ですか。

しき

答え

(2) リンゴは みかんよりも 何円 高《たか》いですか。

しき

答え

(A3 141%・B4 122%拡大)

月　日

3 けたの数のひっ算

名前

1 78 + 56の　計算《けいさん》を　します。
□に　あてはまる　数《かず》を　書《か》きましょう。(4 × 5)

	7	8
+	5	6

一のくらいの　計算

8 + 6 = 14

一のくらいに □ を　書き，

十のくらいに □ くり上げる。

十のくらいの　計算

1　くり上がっているので

7 + 5 + 1 = 13

十のくらいに □ を　書き，

百のくらいに □ くり上げる。

78 + 56の　答えは □ です。

2 153 − 87の　計算を　します。
□に　あてはまる　数を　書きましょう。(4 × 5, 各行完答)

	1	5	3
−		8	7

一のくらいの　計算

3から　7は　ひけないから
十のくらいから

□ くり下げる。

□ − □ = □

十のくらいの　計算

4から　8は　ひけないから

百のくらいから □ くり下げる。

□ − □ = □

153 − 87の　答えは □ です。

3 計算を　しましょう。(4 × 5)

(1)

	6	8
+	4	4

(2)

	3	2	6
+		6	7

(3)

	1	6	1
−		5	3

(4)

	1	0	2
−		7	8

(5)

	4	7	3
−		5	8

4 ひっ算で　計算を　しましょう。(4 × 10)

(1) 86 + 57　　(2) 73 + 47

(3) 46 + 54　　(4) 95 + 8

(5) 638 + 49　　(6) 115 − 73

(7) 134 − 58　　(8) 110 − 64

(9) 102 − 8　　(10) 583 − 27

(A3 141%・B4 122%拡大)

3けたの数のひっ算

名前

1　なわとびを　きのうは　89回《かい》，今日《きょう》は　96回　とびました。あわせて　何《なん》回　とびましたか。(5×2)

しき

答《こた》え

2　140ページの　本を　読《よ》んで　います。あと　59ページに　なりました　何ページまで　読みましたか。(5×2)

しき

答え

3　2年生は，ぜんいんで　125人です。男の子は　68人です。女の子は　何人ですか。(5×2)

しき

答え

4　答えが　あって　いる　ものは　○を，まちがって　いれば　正しい　答えを　□に　書《か》きましょう。(5×6)

(1)
141
− 93
48

(2)
98
＋ 9
117

(3)
162
− 86
86

(4)
107
− 17
90

(5)
89
＋ 75
154

(6)
92
＋ 7
109

5　野《や》さいを　買《か》いに　行《い》きました。(5×8)

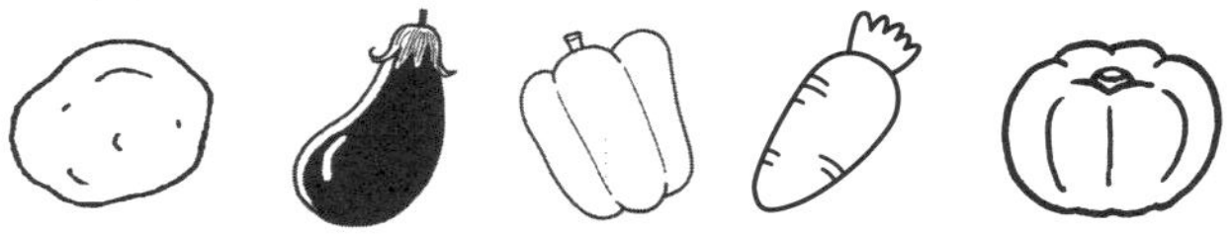

ジャガイモ	ナス	ピーマン	ニンジン	カボチャ
48円	76円	56円	85円	274円

(1)　ジャガイモと　ナスを　買うと，何円ですか。

しき

答え

(2)　ナスと　ピーマンを　買うと，何円ですか。

しき

答え

(3)　ジャガイモと　ピーマンと　ニンジンを買うと，何円ですか。

しき

答え

(4)　カボチャは，ジャガイモよりも　何円高《たか》いですか。

しき

答え

(A3 141%・B4 122%拡大)

月　日

三角形と四角形

名前

1　□に　あてはまる　ことばを
下の　□から　えらんで　書《か》きましょう。(5×4)

(1)　3本の　直線《ちょくせん》で　かこまれた　形《かたち》を
□　と　いいます。

(2)　4本の　直線で　かこまれた　形を
□　と　いいます。

(3)

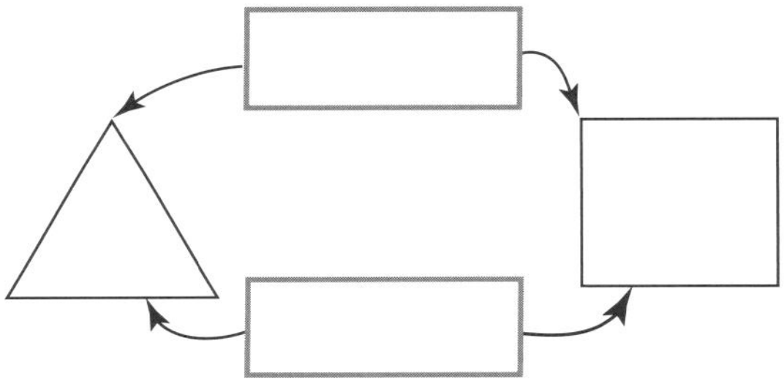

直角《ちょっかく》　へん　ちょう点《てん》　四角形《しかくけい》　三角形《さんかくけい》

2　それぞれの　形を　2つずつ　えらび，
記ごうに　○を　つけましょう。(5×6)

(1)　長方形《ちょうほうけい》

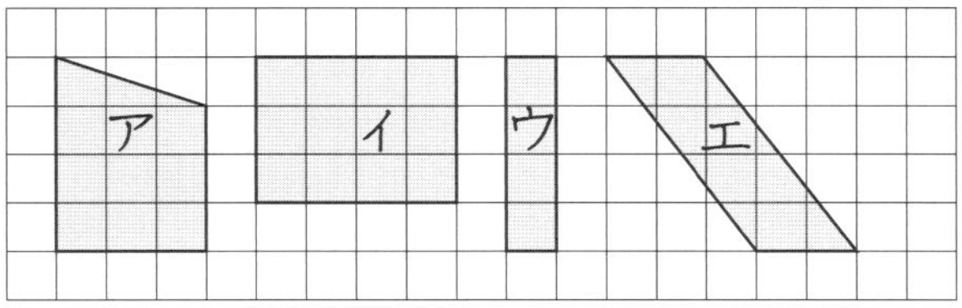

(2)　正方形

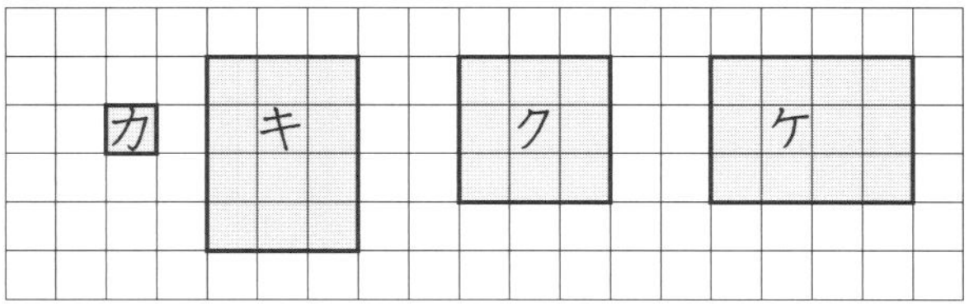

(3)　直角三角形

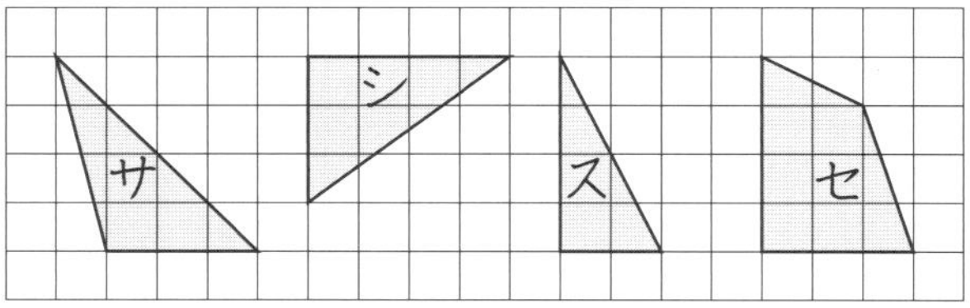

3　直角は，どれですか。記ごうを　えらんで，□に　書きましょう。(5×4)

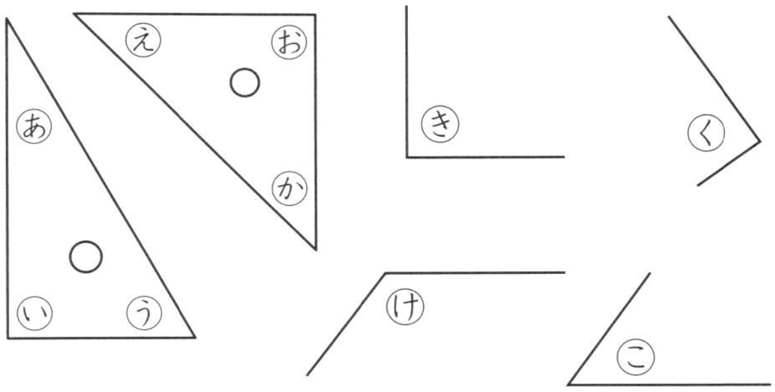

□　□　□　□

4　下の　方《ほう》がん紙《し》に　つぎの　形を
かきましょう。(10×3)

(1)　2つの　へんの　長さが　3cm と
5cm の　長方形

(2)　1つの　へんの　長さが　3cm の
正方形

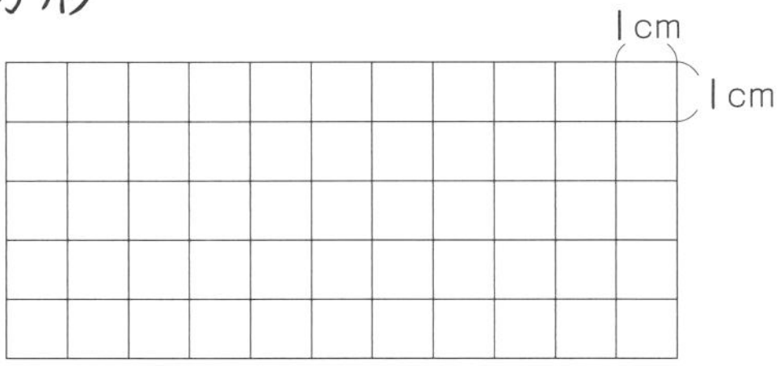

(3)　直角と　なる　2つの　へんの　長さ
が　5cm と　2cm の　直角三角形

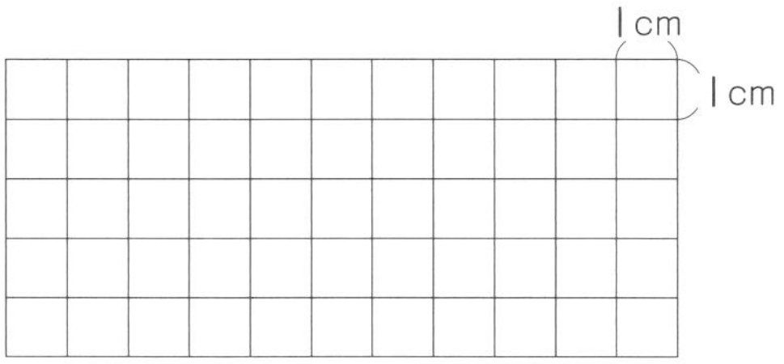

(A3 141%・B4 122%拡大)

月　日

三角形と四角形

名前

1　下の　長方形《ちょうほうけい》や　三角形《さんかくけい》に　直線《ちょくせん》を１本　ひいて，つぎの　形に　分《わ》けましょう。(10×4)

(1)　２つの　三角形

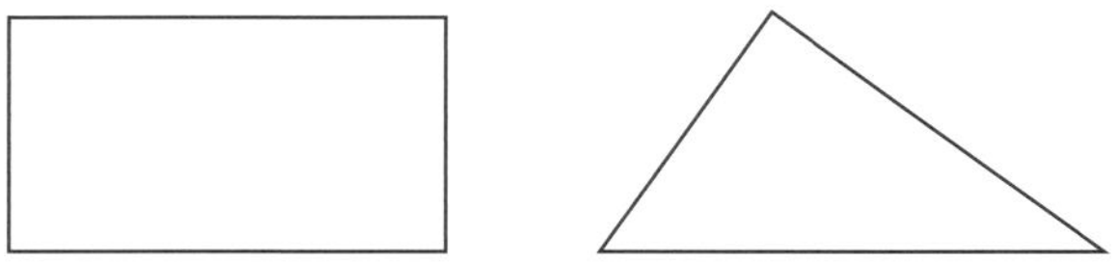

(2)　三角形と　四角形

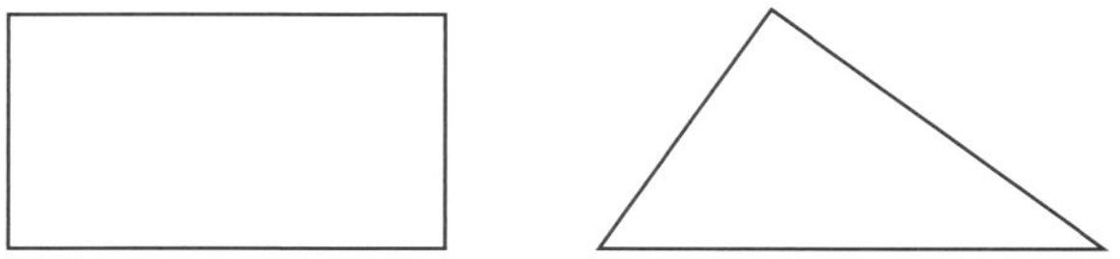

2　下の　方《ほう》がん紙《し》に　つぎの　四角形をかきましょう。
　また，その四角形の　まわりの　長《なが》さは　何《なん》cm ですか。(5×4)

(1)　２つの　へんの　長さが　3cm と 5cm の　長方形

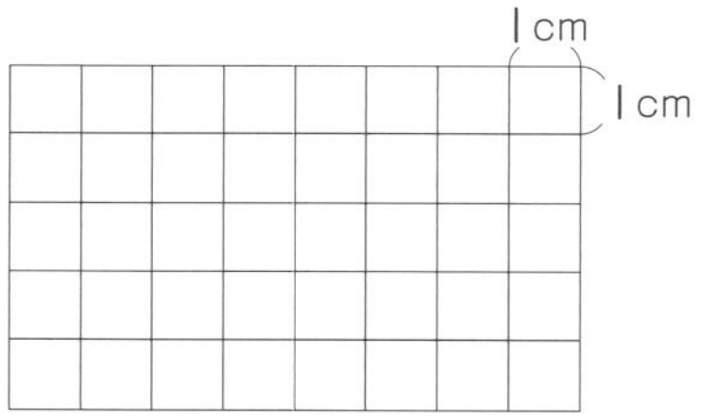

まわりの　長さ　　　　　cm

(2)　１つの　へんの　長さが　3cm の　正方形

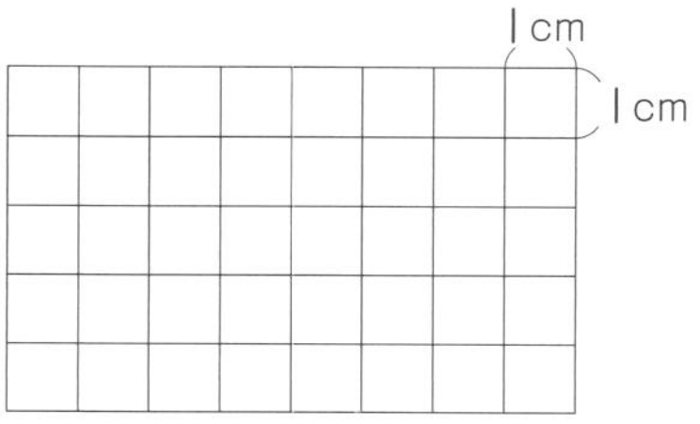

まわりの　長さ　　　　　cm

3　下の　㋐～㋓の　図《ず》を　見て　三角形には　○，三角形では　ない　ものには　×を　ひょうに　書きましょう。
　また，×の　ばあいは，その　理《り》ゆうを下の　㋐～㋓から　えらんで，記《き》ごうを書きましょう。(10×4)

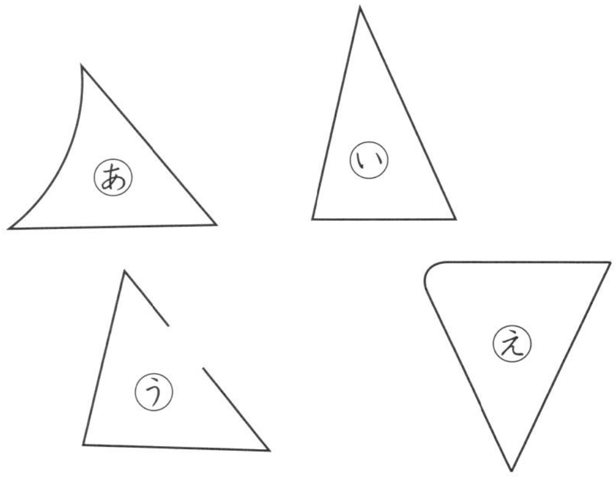

	○か　×か	×の　りゆう
あ		
い		
う		
え		

(理ゆう)

㋐　へんが　とちゅうで　切《き》れて　いる。

㋑　ちょう点《てん》が　まるく　なって　いる。

㋒　へんが　３本では　ない。

㋓　直線では　ない　へんが　ある。

(A3 141%・B4 122%拡大)

月　日

三角形と四角形

名前

1 □に　あてはまる　ことばを　書《か》きましょう。(4×5)

(1)　3本の　直線《ちょくせん》で　かこまれた　形《かたち》を□と　いいます。

(2)　4本の　直線で　かこまれた　形を□と　いいます。

(3)

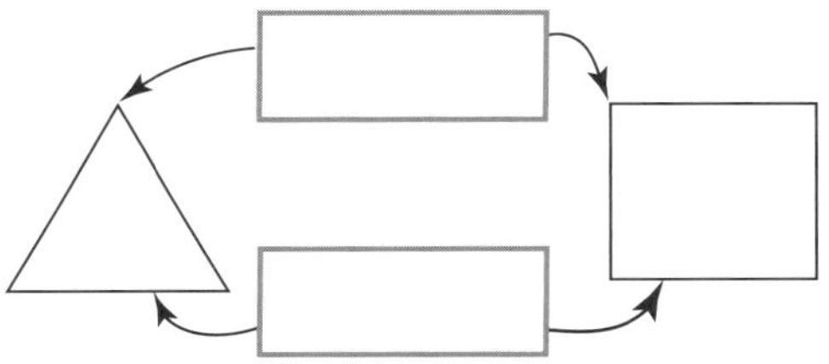

(4)　下の　図《ず》の　ように　紙《かみ》を　おって　できた　形を□と　いいます。

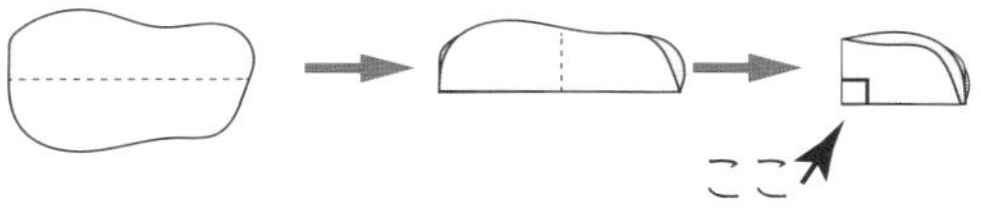

2 下の　図から　長方形《ちょうほうけい》・正方形《せいほうけい》・直角三角形《ちょっかくさんかくけい》を　えらび，記《き》ごうを　書きましょう。(4×9)

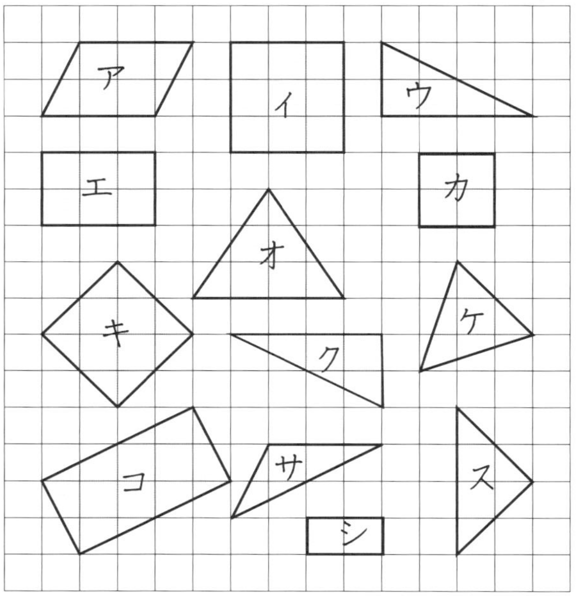

(1)　長方形　(　　)(　　)(　　)

(2)　正方形　(　　)(　　)(　　)

(3)　直角三角形　(　　)(　　)(　　)

3 直角は，どれですか。記ごうを　えらんで，□に　書きましょう。(4×3)

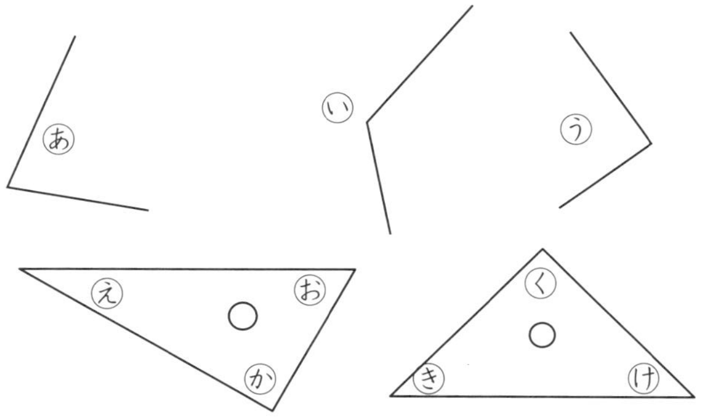

4 下の　方《ほう》がん紙《し》に　つぎの　形を　かきましょう。(8×4)

(1)　2つの　へんの　長《なが》さが　4cmと　7cmの　長方形

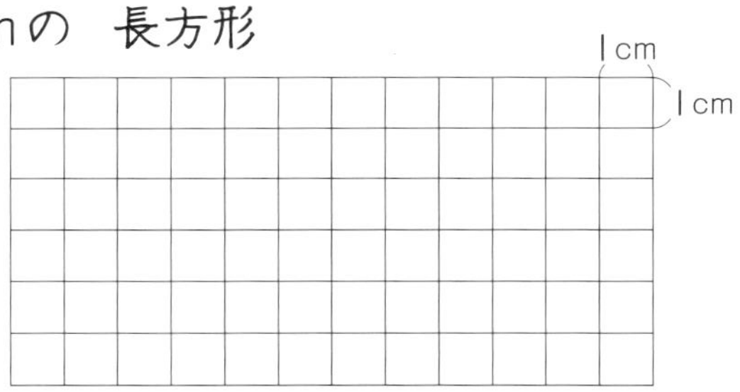

(2)　1つの　へんの　長さが　4cmの　正方形

(3)　1つの　へんの　長さが　2cmの　正方形

※(2)と　(3)は　同《おな》じ　方がん紙に　かきましょう。

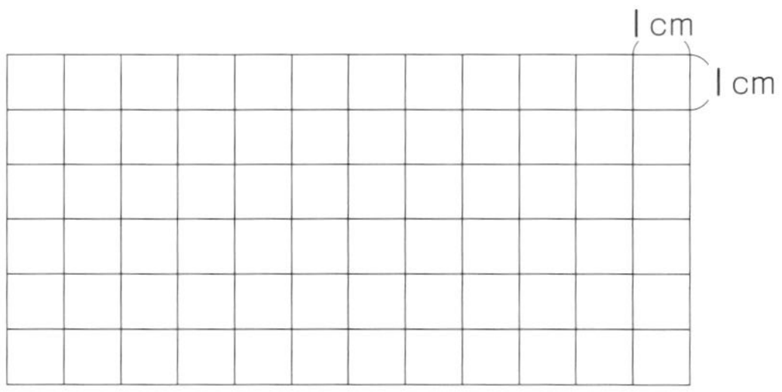

(4)　直角と　なる　2つの　へんの　長さが　8cmと　3cmの　直角三角形

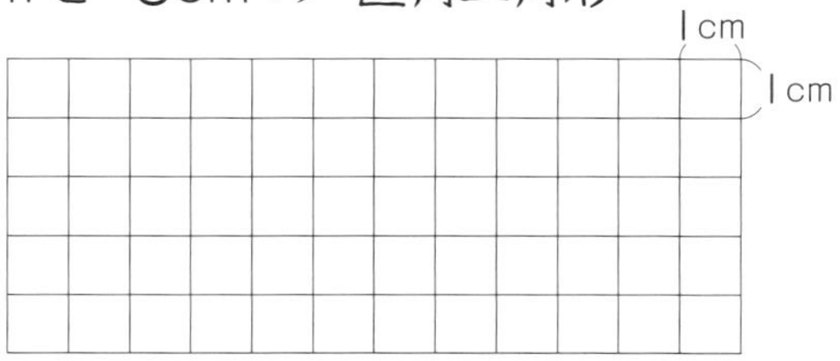

(A3 141%・B4 122%拡大)

月　日

三角形と四角形

名前

1　下の　四角形《しかくけい》（長方形《ちょうほうけい》）や　三角形《さんかくけい》に　直線《ちょくせん》を　1本　ひいて，つぎの　形《かたち》に分《わ》けましょう。(5×6)

(1)　2つの　三角形

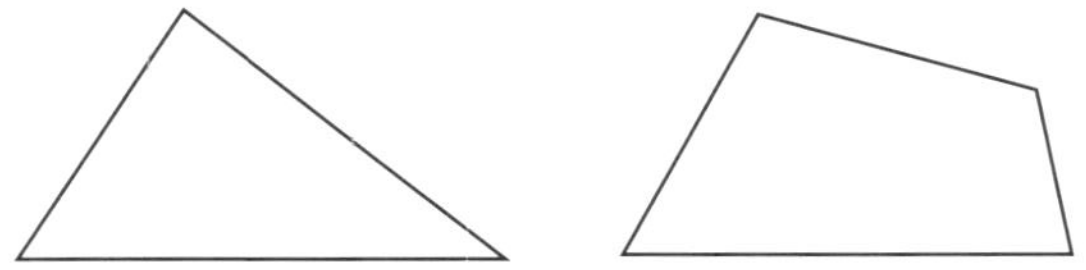

(2)　三角形と　四角形

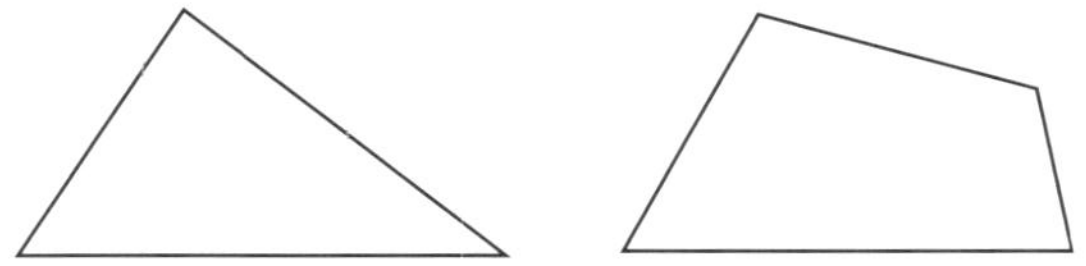

(3)　2つの　直角《ちょっかく》三角形

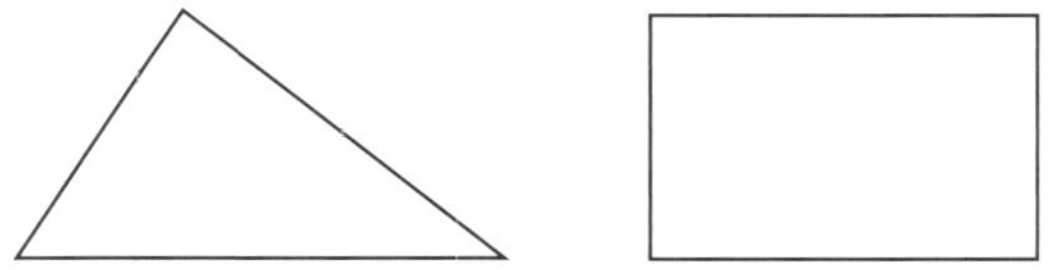

2　下の　方《ほう》がん紙《し》に　つぎの　四角形を　かきましょう。また，その四角形の　まわりの　長《なが》さは　何《なん》cm ですか。(5×4)

(1)　2つの　へんの　長さが　4cm と　6cm の　長方形

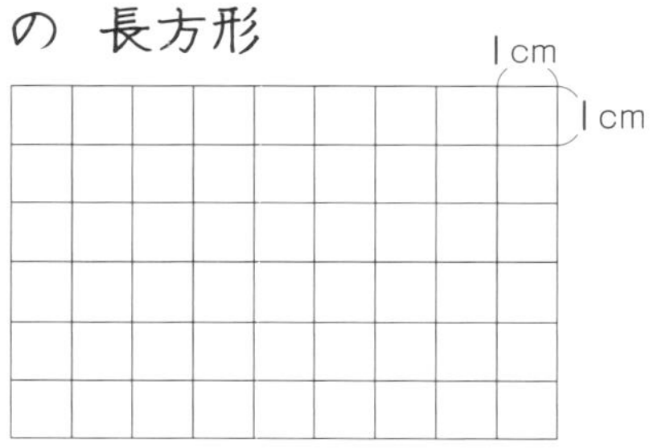

まわりの　長さ　　　cm

(2)　1つの　へんの　長さが　4cm の　正方形

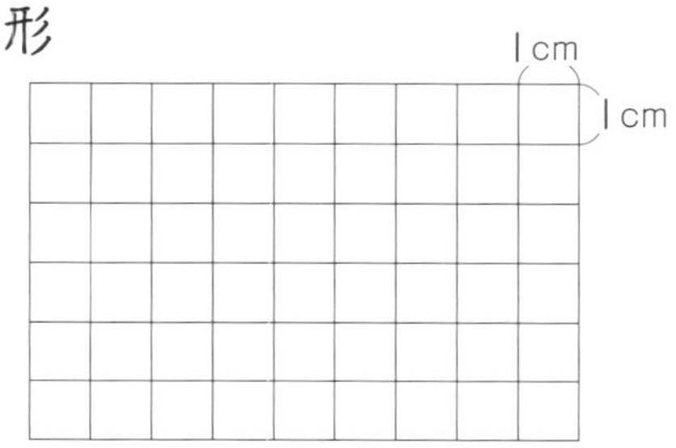

まわりの　長さ　　　cm

3　下の　文の　中で　長方形と　正方形の　りょうほうに　あてはまる　ものを　2つ　えらんで，○を　つけましょう。(5×2)

（　　）3本の　直線で　かこまれて　いる。

（　　）むかいあった　へんの　長さが　同《おな》じ。

（　　）4本の　へんの　長さが　同じ。

（　　）4つの　かどの　形が　直角に　なって　いる。

4　下の　あ〜くの　図《ず》を　見て　四角形には　○，　四角形では　ない　ものには　×を　ひょうに　書きましょう。

また，×の　ばあいは，その　理《り》ゆうを　下の　ア〜オから　えらんで，記《き》ごうを　書きましょう。(5×8)

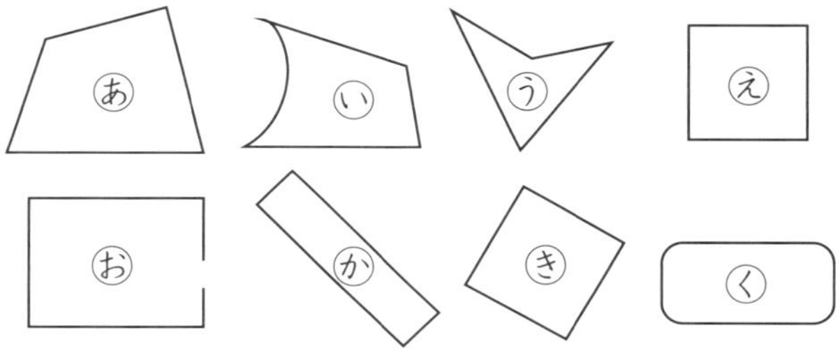

	○か ×か	×の　りゆう
あ		
い		
う		
え		
お		
か		
き		
く		

（理ゆう）

ア　へんが　とちゅうで　切《き》れて　いる。

イ　ちょう点《てん》が　4つでは　ない。

ウ　ちょう点が　丸《まる》く　なって　いる。

エ　へんが　4本では　ない。

オ　直線では　ない　へんが　ある。

（A3 141%・B4 122%拡大）

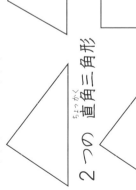

月　日

かけ算（1）

名前

1 同《おな》じ　数《かず》ずつ　ある　ものには　○を，　同じ　数ずつでは　ない　ものには　×を　つけましょう。(10×8)

(1) あめの　数
(　　)

(2) たこやきの　数
(　　)

(3) 金魚の　数
(　　)

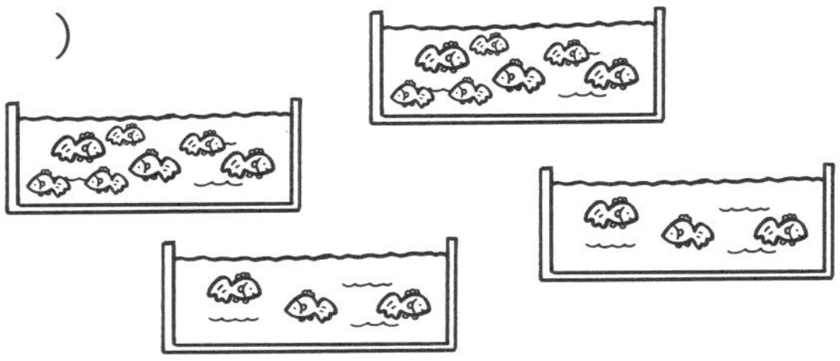

(4) 花の　数
(　　)

(5) えんぴつの　数
(　　)

(6) りんごの　数
(　　)

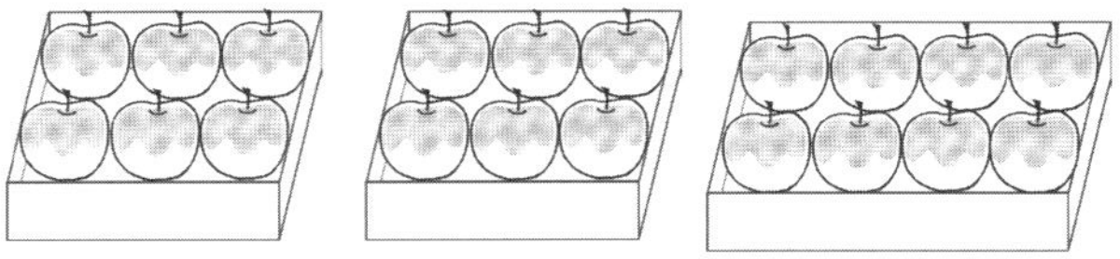

(7) トンボの　はねの　数
(　　)

(8) 子どもの　数
(　　)

2 次の　□に　あてはまる　数を　書《か》きましょう。(10×2)

(1) 2→4→6→□→□→□→□→□→□→□

(2) 5→10→□→□→□→□→□→□→□→□

(A3 141%・B4 122%拡大)

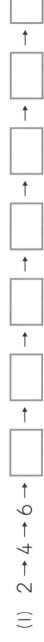

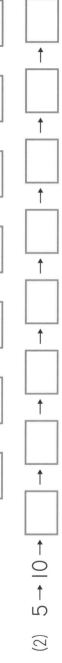

月　　日

かけ算（1）

名前

1　絵《え》を 見て □ に あてはまる 数《かず》を 書《か》きましょう（文５×２　式５×２）

(1)
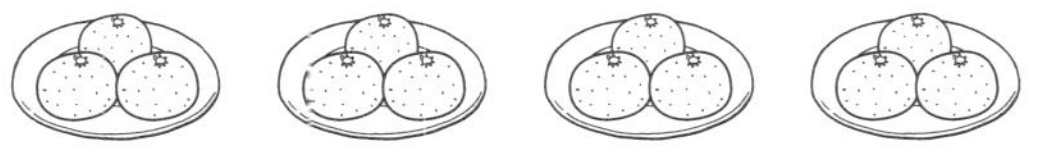

みかんは １つの おさらに □ こずつ おさら □ つ分《ぶん》で，ぜんぶで □ こ あります。
これを しきに 書くと
□ × □ ＝ □

(2)

タイヤの 数は ４こ

タイヤは 車 １台《だい》あたり □ こずつ 車 □ 台分では，ぜんぶで □ こ あります。
これを しきに 書くと
□ × □ ＝ □

2　(1)〜(3)に あう しきを 下の ア〜オ から えらんで 記《き》ごうを 書きましょう。(5×3)

(1) チューリップの 数 □

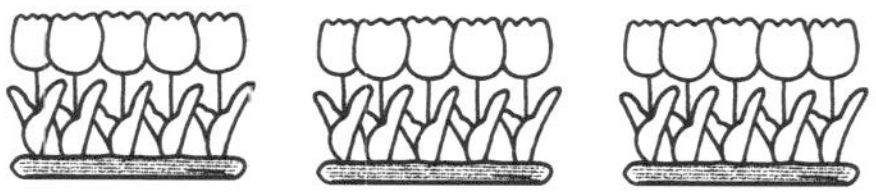

(2) とんぼの はねの 数 □

(3) ケーキの 数 □

ア ３×４　イ ２×４　ウ ４×５
エ ５×３　オ ４×３

3　計算《けいさん》を しましょう。(5×13)

(1) ３ × ２

(2) ４ × ４

(3) ３ × ５

(4) ２ × ７

(5) ５ × ９

(6) ５ × ５

(7) ３ × ９

(8) ２ × ８

(9) ４ × ９

(10) ４ × ７

(11) ５ × ３

(12) ４ × ２

(13) ３ × ７

(A3 141%・B4 122%拡大)

かけ算（1）

名前

1　1パックに，プリンが　3こずつ　入って　います。
5パックでは，プリンは　何《なん》こに　なりますか。(10×2)

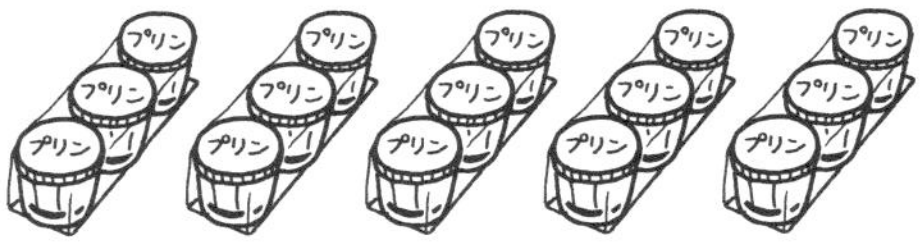

しき

答《こた》え

2　ボート1そうに，4人ずつ　のれます。ボートが　6そう　あれば，何人　のる　ことが　できますか。(10×2)

しき

答え

3　1さらに　りんごが　2こずつ　あります。その　おさらが　8まい分《ぶん》では，りんごは　ぜんぶで　何こに　なりますか。(10×2)

しき

答え

3　1こ　5円の　あめを　7こ　買《か》います。ぜんぶで　何円に　なりますか。(10×2)

しき

答え

5　3×4，4×3に　なる　絵《え》と　せつ明《めい》文を　線《せん》で　つなぎましょう。(10×2)

4×3　　　3×4

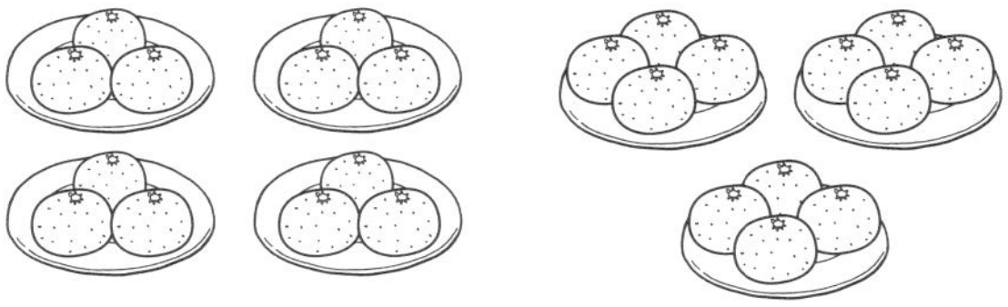

1さらに　みかんが　3こずつ，それが　4さら分　あるから。

1さらに　みかんが　4こずつ，それが　3さら分　あるから。

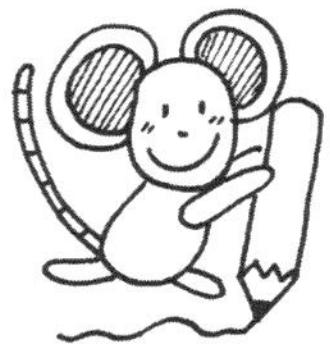

(A3 141%・B4 122%拡大)

月　日

かけ算（1）

名前

1 絵《え》を 見て □ に あてはまる 数《かず》を 書《か》きましょう。（文4×3　式4×3）

(1)

いちごは 1さらに □こずつ，□さら分で，ぜんぶで □こ ありました。
これを しきに 書くと
□ × □ ＝ □

(2)

三りん車の タイヤは 車1台《だい》あたり □こずつ，三りん車 □台分では，ぜんぶで □こあります。
これを しきに 書くと
□ × □ ＝ □

(3)

パンは 1ふくろあたり □こずつ，パン □ふくろ分では，ぜんぶで □こ あります。
これを しきに 書くと
□ × □ ＝ □

2 (1)～(5)に あう しきを 下の ア～カ から えらんで 記《き》ごうを 書きましょう。（4×5）

(1) みかんの 数 □

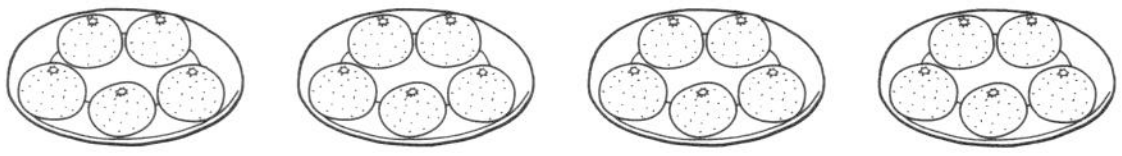

(2) バナナの 数 □

(3) うさぎの 耳の 数 □

(4) くりの 数 □

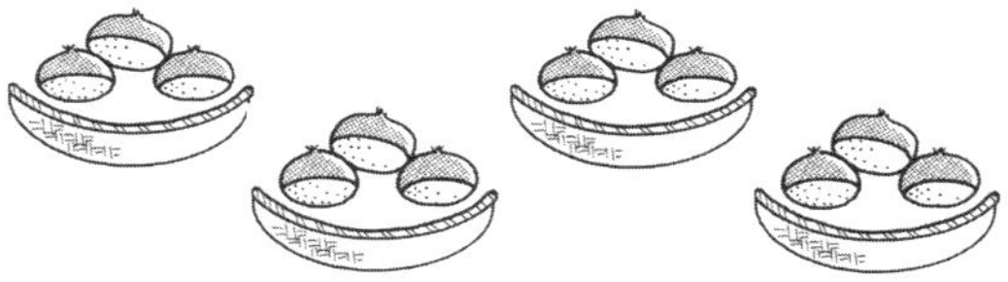

(5) クッキーの 数 □

ア 3×4	イ 2×6	ウ 4×5
エ 5×4	オ 4×3	カ 3×5

3 計算を しましょう。（4×14）

(1) 2×4	(2) 4×3	(3) 3×8	(4) 3×6
(5) 3×7	(6) 5×8	(7) 5×4	(8) 3×1
(9) 4×6	(10) 2×9	(11) 4×9	(12) 2×6
(13) 2×3	(14) 4×4		

（A3 141%・B4 122%拡大）

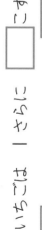

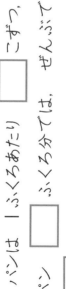

月　日

かけ算（1）

名前

1　1はこに，チョコレートが　5こずつ　入って　います。7はこでは，チョコレートは　何《なん》こに　なりますか。(5 × 2)

しき

答《こた》え

2　ゴーカートが　8台《だい》　あります。
ゴーカート　1台に，3人ずつ　のると　何人　のることが　できますか。(5 × 2)

しき

答え

3　あつさ　4cmの　本を　5さつ　つみ上げると，何cmの　高《たか》さに　なりますか。(5 × 2)

しき

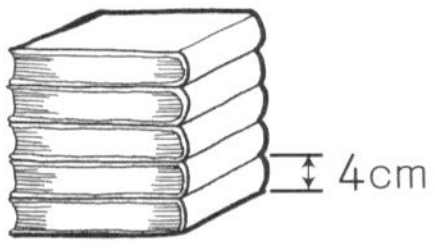

答え

4　1はこに　ケーキが　2こずつ　入って　います。9はこでは，ケーキは　何こに　なりますか。(5 × 2)

しき

答え

5　おり紙《がみ》を　8まい　買《か》います。1まい　5円の　紙を　買うと，ぜんぶで　何円に　なりますか。(5 × 2)

しき

答え

6　うんどう会《かい》で，4人が　1グループに　なって　ダンスを　します。7グループ　できました。ぜんいんで　何人　いますか。(5 × 2)

しき

答え

7　1日に　3ページずつ　本を　読《よ》みます。1週間《しゅうかん》(7日間)では　何ページ　読む　ことが　できますか。(5 × 2)

しき

答え

8　牛《ぎゅう》にゅうが　6dL　入って　いる　びんが，4本　あります。ぜんぶで　何dLに　なりますか。(5 × 2)

しき

答え

9　下の　(1)～(3)の　絵の　中から　2×3の　しきに　なる　ものを　えらんで，ばんごうに　○を　つけましょう。
　また，○を　つけた　絵を　使って，かけ算の　もんだい文を　書《か》きましょう。(10 × 2)

(1) 

(2) 

(3) 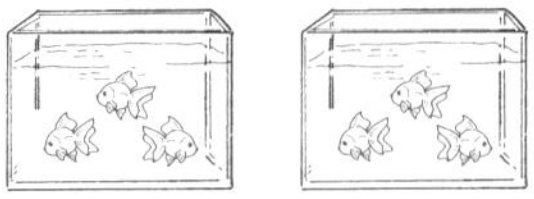

月　　日

かけ算（2）

名前

1　絵《え》を 見て □に あてはまる 数《かず》を 書《か》きましょう。（文5×2　式5×2）

(1)

花たばに　チューリップが □ 本 ずつ，花たば □ たばで　チューリップは ぜんぶで □ 本　あります。

これを　しきに　書くと

□ × □ ＝ □

(2)　1はこに　りんごが □ こずつ，□ はこ分《ぶん》では，ぜんぶで　りんごは □ こあります。

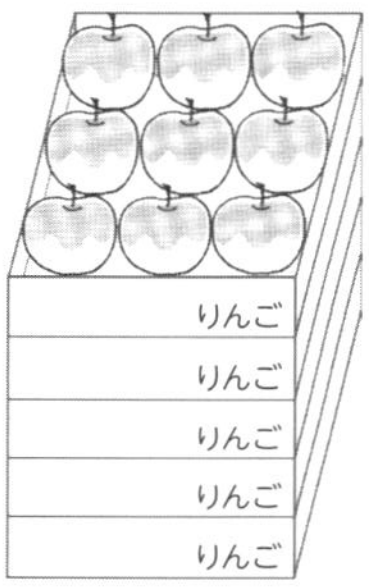

これを　しきに　書くと

□ × □ ＝ □

2　(1)〜(4)に　あう しきを 下の　ア〜カ から　えらんで，記《き》ごうを　書きましょう。（5×4）

(1)　たこの　足 □

(2)　テープの　長《なが》さ □

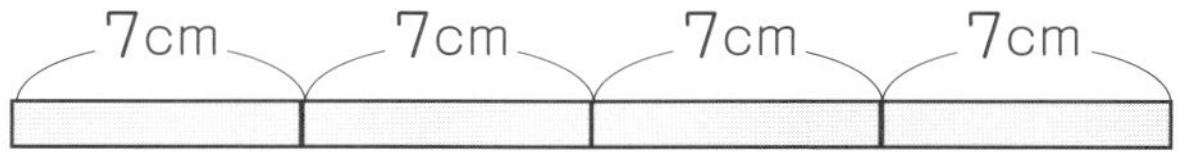

(3)　花の　数 □

(4)　いちごの　数 □

ア　7×5　イ　7×6　ウ　6×4
エ　8×4　オ　8×6　カ　7×4

3　計算を　しましょう。（5×12）

(1)　6 × 7　　(2)　9 × 6　　(3)　8 × 5　　(4)　7 × 7

(5)　9 × 9　　(6)　6 × 3　　(7)　9 × 2　　(8)　8 × 4

(9)　7 × 4　　(10)　8 × 8　　(11)　8 × 6　　(12)　6 × 7

（A3 141%・B4 122%拡大）

月　日

かけ算（2）

名前

1　1はこに，チーズが　6こずつ　入って　います。
　5はこでは，チーズは　ぜんぶで　何《なん》こに　なりますか。(10×2)

しき

答《こた》え

2　1本が　8cmの　テープを　9本作ります。何cmの　テープが　あれば，いいですか。(10×2)

しき

答え

3　じゅんなさんの　クラスでは，4チームに　分《わ》かれて，リレーをします。
1チームは7人です。
　じゅんなさんの　クラスの　人数《ずう》は，何人ですか。(10×2)

しき

答え

4　りょうたさんは，9日間《かん》，1日あたり7もんずつ　もんだいを　ときました。りょうたさんは，ぜんぶで　何もん　ときましたか。(10×2)

しき

答え

5　あめは　ぜんぶで　何こ　ありますか。かけ算《ざん》も　つかって　もとめましょう。(10×2)

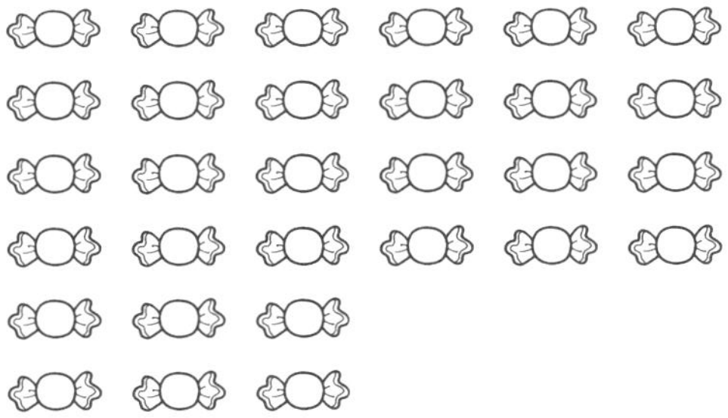

しき

答え

(A3 141%・B4 122%拡大)

月　日

かけ算（2）

名前

1 絵《え》を 見て □に あてはまる 数《かず》を 書《か》きましょう。（文4×2 式4×2）

(1)

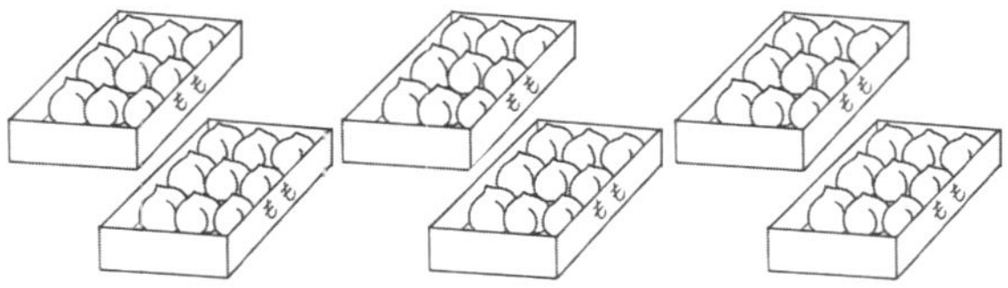

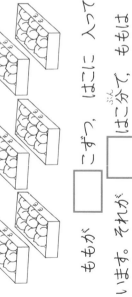

ももが □こずつ, はこに 入って います。それが □はこ分《ぶん》で, ももは ぜんぶで □こ あります。

しきに 書くと

□ × □ ＝ □

(2)

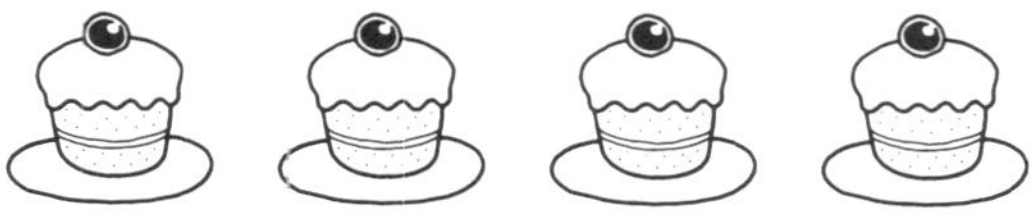

1さらに ケーキが □こずつ, □さら分《ぶん》では, ケーキは ぜんぶで □こ あります。

これを しきに 書くと

□ × □ ＝ □

2 □に あてはまる 数を 書きましょう。（4×2）

(1) 7のだんの 九九の 答《こた》えは, □ずつ ふえて いきます。

(2) 9×6の 答えは, 9×5の 答えに □を たした 数です。

3 (1)〜(5)に あう しきを 下の ア〜カ から えらんで 記《き》ごうを 書きましょう。（4×5）

(1) ドーナツの 数 □

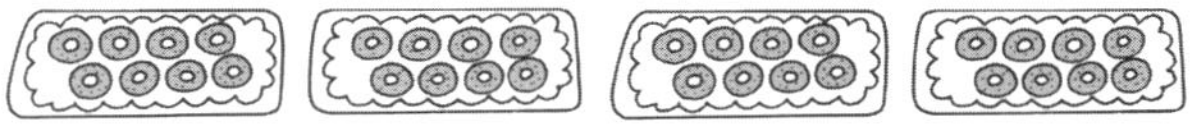

(2) テープの 長《なが》さ □

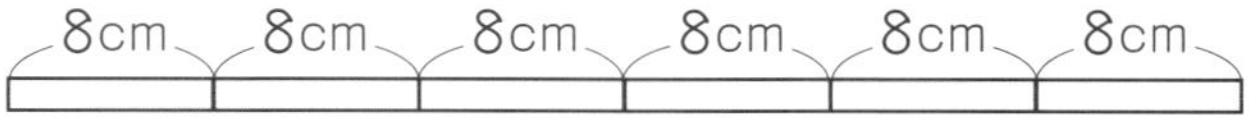
8cm
8cm
8cm
8cm
8cm
8cm

(3) クワガタの 足の 数 □
（1ぴきの 足は 6本）

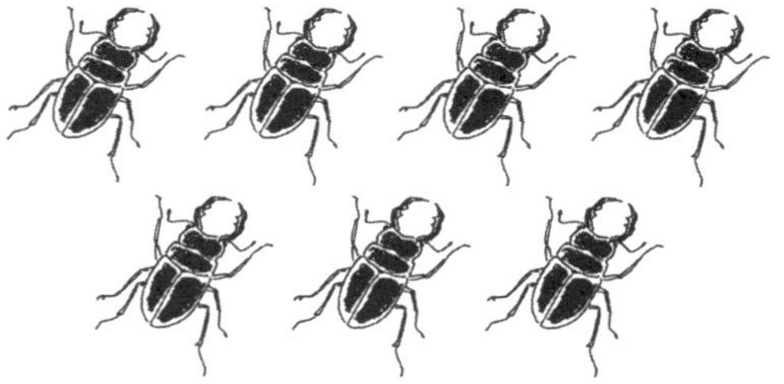

(4) たこやきの 数 □

(5) くりの 数 □

ア 7×6　イ 6×6　ウ 6×5
エ 8×6　オ 8×4　カ 6×7

4 計算《けいさん》を しましょう。（4×14）

(1) 9×3　(2) 6×6　(3) 1×5　(4) 8×9
(5) 9×4　(6) 6×9　(7) 8×3　(8) 7×8
(9) 9×5　(10) 8×2　(11) 9×7　(12) 1×9
(13) 7×3　(14) 7×5

(A3 141%・B4 122%拡大)

月　日

かけ算（2）

名前

1　1はこに，えんぴつが　8本ずつ　入って　います。4はこでは，えんぴつは何《なん》本に　なりますか。(5 × 2)

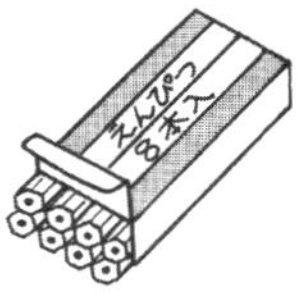

しき

答《こた》え

2　1れつに　7人ずつ　ならんで　います。6れつでは，ぜんいんで　何人に　なりますか。(5 × 2)

しき

答え

3　1こ　9円の　あめを　8こ　買《か》います。ぜんぶで　何円に　なりますか。(5 × 2)

しき

答え

4　たくみさんは，1週間《しゅうかん》，毎《まい》日　9ページずつ　本を　読みました。
たくみさんは，本を　何ページ　読みましたか。(5 × 2)

しき

答え

5　あめは，何こ　ありますか。
かけ算の　しきも　つかって　もとめましょう。(5 × 2)

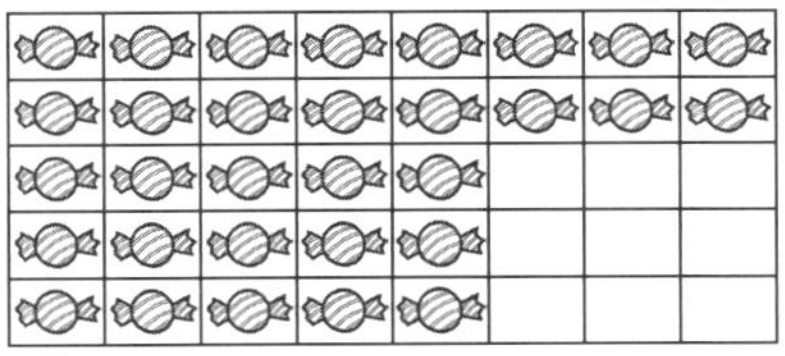

しき

答え

6　ぜんいんで　6人ずつの　グループを作《つく》ると，8グループ　できて，3人　あまって　しまいます。ぜんいんで　何人いますか。(10 × 2)

しき

答え

7　9円の　あめを　4こ買って，50円をはらいました。おつりは，何円に　なりますか。(10 × 2)

しき

答え

8　下の絵《え》を　見て，かけ算の　もんだい文を　書きましょう。(10)

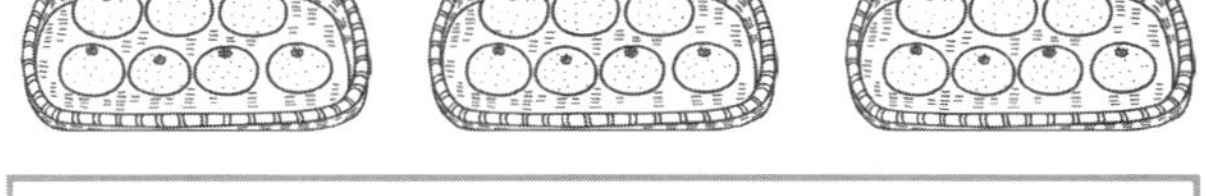

(A3 141%・B4 122%拡大)

月　日

かけ算（3）

名前

1 九九の　ひょうの　㋐～㋔に　あてはまる　数《かず》を　書《か》きましょう。(5×5)

		かける数								
		1	2	3	4	5	6	7	8	9
かけられる数	1	1	2	3	4	5	6	7	8	9
	2	2	4	6	8	10	㋐	14	16	18
	3	3	6	9	12	15	18	21	24	27
	4	4	8	12	16	㋑	24	28	32	36
	5	5	10	15	20	25	30	35	40	45
	6	6	12	18	24	30	㋒	42	48	54
	7	7	14	21	28	35	42	49	56	63
	8	8	16	24	㋓	40	48	56	64	72
	9	9	18	27	36	45	54	63	㋔	81

㋐ □　㋑ □
㋒ □　㋓ □
㋔ □

2 つぎの　数が　答《こた》えに　なる　かけ算《ざん》九九を　すべて　書きましょう。(5×5)

(1) 6　□ □ □ □

(2) 12　□ □ □ □

(3) 16　□ □ □

(4) 24　□ □ □ □

(5) 48　□ □

3 □に あてはまる　数や　ことばを　書きましょう。(5×10)

(1) 4 × 6 = □ × 4

(2) 3 × 8 = □ × 3

(3) 7 × 5 = 5 × □

(4) 8 × 7 = 7 × □

(5) かけ算では，かけられる数と □ 数を　入れかえて　計算《けいさん》しても　答《こた》えは　同《おな》じです。

(6) 4のだんでは，かける数が　1　ふえると，答えは □ ふえます。

(7) 7のだんでは，かける数が　1　ふえると，答えは □ ふえます。

(8) 5×3の　答えは，5×2の　答えよりも □ 大きいです。

(9) 8×7の　答えは，8×6の　答えよりも □ 大きいです。

(10) 5×6の　答えは，5×7の　答えよりも □ 小さいです。

(A3 141%・B4 122%拡大)

かけ算（3）

名前

1 下の　ひょうは　九九ひょうの　一ぶです。㋐～㋔に　あてはまる　数《かず》を　□に　書《か》き ましょう。(10 × 5)

(1)

12	16	20
15	20	㋐
18	24	30

□

(2)

12	18	24
14	21	28
16	㋑	32

□

(3)

14	16	18
21	㋒	27

□

(4)

㋓	28	32
30	35	40

□

(5)

42	㋔	56
48	56	64

□

2 2のだんの　九九，3のだんの　九九と 5のだんの　九九に　ついて　調べましょう。(5 × 4)

(1) 2のだんの　九九を　書きましょう。

2×1	2×2	2×3	2×4	2×5	2×6	2×7	2×8	2×9

(2) 3のだんの　九九を　書きましょう。

3×1	3×2	3×3	3×4	3×5	3×6	3×7	3×8	3×9

(3) 5のだんの　九九を　書きましょう。

5×1	5×2	5×3	5×4	5×5	5×6	5×7	5×8	5×9

(4) 2と　3と　5のだんの　九九を　たてに 見ると，どのように　なって　いますか。 □に　あてはまる　数を　書きましょう。

□のだんの　答えと　□の だんの　答えを　あわせると，5のだん の　答えに　なります。

3 下の　■の　数を　2つの　考《かんが》え方《かた》で もとめます。□に　あてはまる　数を 書きましょう。

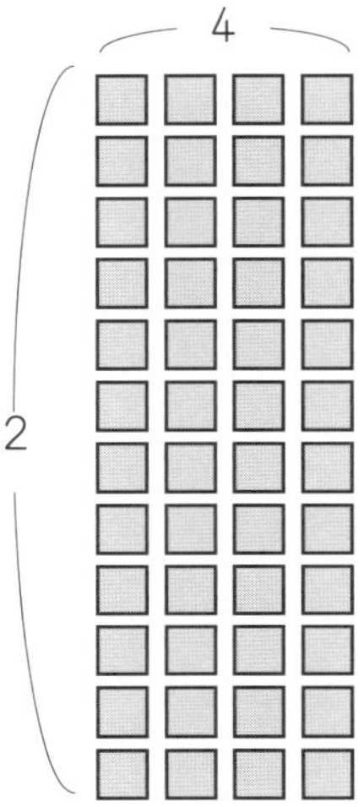

(1) 右の　図《ず》の　ように たての　12を 4と　8に　分《わ》けて かけ算《ざん》を　します。

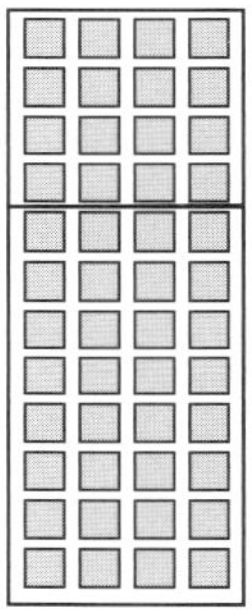

□ × 4 = □ (5)

□ × 4 = □ (5)

2つの　答えを　あわせます。

□ ＋ □ ＝ □ (5)

(2) 12 × 4 ＝　4 × □ (5)

4のだんは，□ずつ　ふえます。(5)

4 × 9 ＝ 36

4 × 10 ＝ 40 (+4)

4 × 11 ＝ 44 (+4)

4 × 12 ＝ □ (+4) (5)

(A3 141%・B4 122%拡大)

月　日

かけ算 (3)

名前

1 九九ひょうの ㋐～㋕に あてはまる 数《かず》を 書《か》きましょう。(4×6)

		かける数								
		1	2	3	4	5	6	7	8	9
かけられる数	1	1	2	3	4	5	6	7	8	9
	2	2	4	6	8	10	12	14	㋐	18
	3	3	6	9	12	15	18	21	24	27
	4	4	8	12	16	20	24	28	32	36
	5	5	10	15	㋑	25	30	35	40	45
	6	6	12	18	24	30	36	42	48	㋒
	7	7	14	21	28	35	42	㋓	56	63
	8	8	16	24	㋔	40	48	56	64	72
	9	9	18	27	36	45	54	63	㋕	81

㋐ □　㋑ □

㋒ □　㋓ □

㋔ □　㋕ □

2 つぎの 数が 答《こた》えに なる かけ算《ざん》 九九を すべて 書きましょう。(4×5)

(1) 9 □ □ □

(2) 12 □ □ □ □

(3) 18 □ □ □ □

(4) 24 □ □ □ □

(5) 36 □ □ □

2 □に あてはまる 数や ことばを 書きましょう。(4×14)

(1) 3 × 9 = □ × 3

(2) 7 × □ = 4 × 7

(3) 8 × 5 = □ × 8

(4) □ × 6 = 6 × 7

(5) 9 × 1 = □ × 9

(6) かけ算では，□数と □数を 入れかえて 計算《けいさん》しても 答えは 同《おな》じです。

(7) 3のだんでは，かける数が 1 ふえると，答えは □ ふえます。

(8) 7のだんでは，かける数が 1 ふえると，答えは □ ふえます。

(9) 5のだんでは，かける数が 1 ふえると，答えは 5 □ます。

(10) 5のだんでは，かける数が 1 へると，答えは 5 □ます。

(11) 4×8の 答えは，4×7の 答えよりも □ 大きいです。

(12) 3×5の 答えは，3×6の 答えよりも □ 小さいです。

(13) 3×7の 答えは，3×6の 答えよりも 3 □です。

(14) 7×4の 答えは，7×5の 答えよりも 7 □です。

(A3 141%・B4 122%拡大)

かけ算（3）

名前

1　下の　ひょうは　九九ひょうの　一ぶです。㋐～㋗に　あてはまる　数《かず》を　□に　書《か》きましょう。(5×8)

(1)

12	16	20
15	20	㋐

(2)

12	15	㋑
16	20	24

(3)

2	3	4
4	㋒	8

(4)

㋓	28	35
24	32	40

(5)

21	24	27
㋔	32	36

(6)

24	㋕	36
28	35	42

(7)

㋖	49	56
48	56	64

(8)

56	64	72
㋗	72	81

2　九九ひょうで　2つの　だんを　見て，しらべましょう。(5×6)

(1)　2のだんの　答《こた》えを　書きましょう。

2×1	2×2	2×3	2×4	2×5	2×6	2×7	2×8	2×9

(2)　5のだんの　答えを　書きましょう。

5×1	5×2	5×3	5×4	5×5	5×6	5×7	5×8	5×9

(3)　2のだんの　答えと　5のだんの　答えを　たてに　たした　数を　書きましょう。

2+5　4+10　6+15 …

(4)　2のだんの　答えと　5のだんの　答えを　たてに　たすと，何《なん》のだんの　答えに　なっていますか。

□のだんの　九九

(5)　2のだんの　答えと　4のだんの　答えを　たてに　たすと，何のだんの　九九に　なりますか。

□のだんの　九九

(6)　3のだんの　答えと　何のだんの　答えを　たてに　たすと　8のだんの　答えになりますか。

□のだんの　九九

2　下の　■の　数を　いろいろな　考《かんが》え方《かた》で　もとめます。(1)～(3)の　考え方に　あてはまる　しきを　書いて，■が　何こ　あるか　もとめましょう。(10×3)

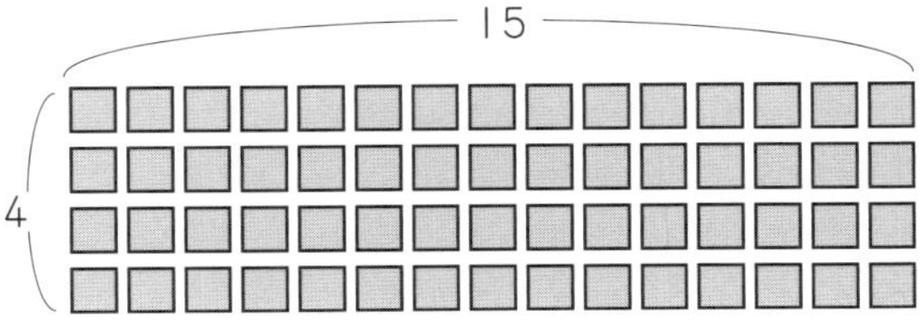

(1)　15を　8と　7に　分《わ》けて　かけ算《ざん》を　して，それを　あわせる。

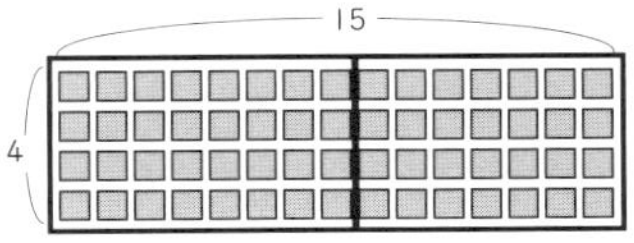

しき

答え

(2)　15を　10と　5に　分けると，10が　4つで　40。のこりを　かけ算で　もとめて　あわせる。

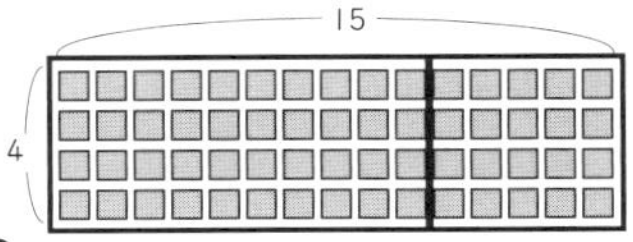

しき

答え

(3)　15が　4れつ　あるから，かけ算では　なく，15を　4回　たす。

しき

答え

(A3 141%・B4 122%拡大)

学習準備

月　日

1000より大きい数

名前

1 つぎの　ブロックが　あらわす　数《かず》を　数字《すうじ》で　書《か》きましょう。(10×4)

(1)

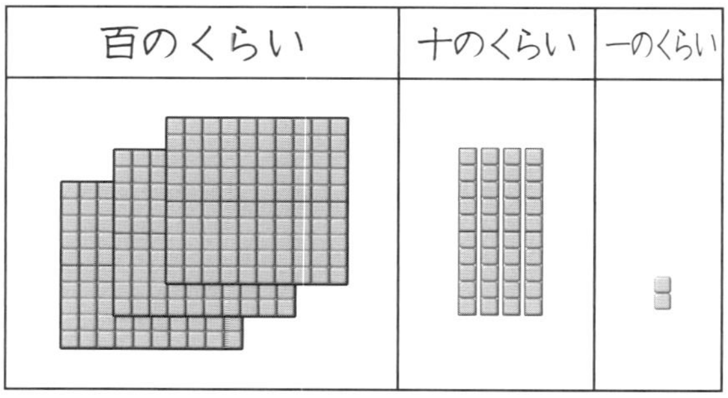
百のくらい
十のくらい
一のくらい

(2)

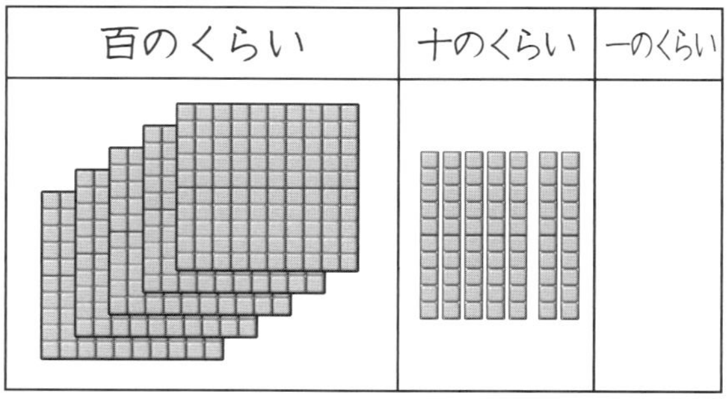
百のくらい
十のくらい
一のくらい

(3)

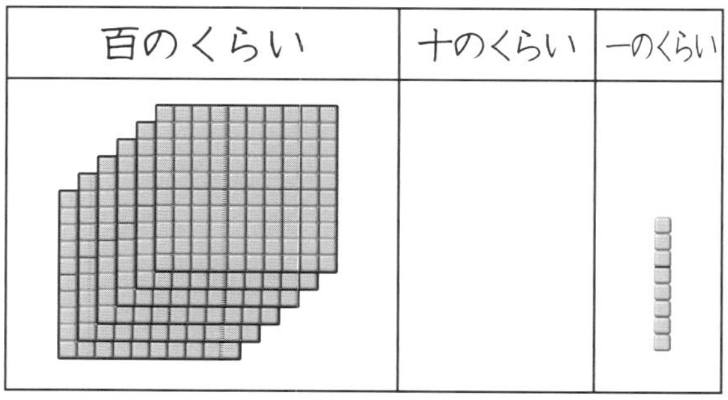
百のくらい
十のくらい
一のくらい

(4)

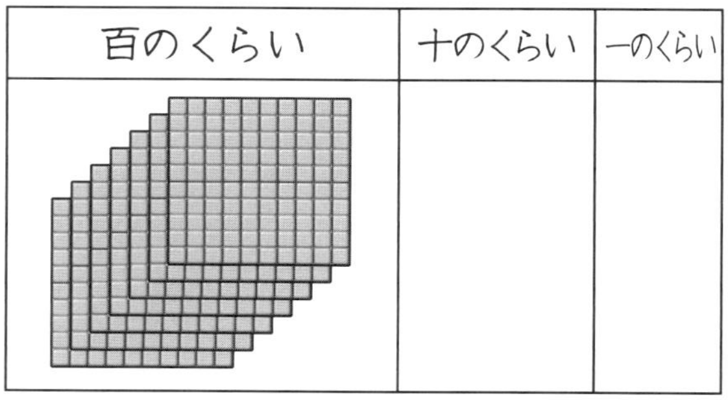
百のくらい
十のくらい
一のくらい

2 □に　あてはまる　数を　書きましょう。(10×2)

(1) 437は，100を □ こ，10を □ こ，1を □ こ　あわせた　数です。

(2) 100を　8こ　1を　9こ　あわせた　数は □ です。

3 □に　あてはまる　数を　書きましょう。(10×2)

500 — □ — 700 — 800 — □ — □

995 — □ — 997 — □ — 999 — □

4 □に　＞か，＜を　書きましょう。(10×2)

(1) 450 □ 405　　(2) 869 □ 872

(A3 141%・B4 122%拡大)

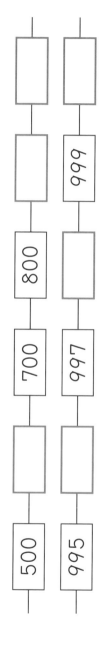

月　日

1000より大きい数

名前

1 つぎの　数《かず》を　数字《すうじ》で　書《か》きましょう。(5×4)

(1) 1000を　8こ，100を　7こ，10を　5こ，1を　3こ　あわせた　数

(2) 1000を　4こ，100を　2こ　あわせた　数

(3) 1000を　3こ，10を　9こ　あわせた　数

(4) 1000を　6こ，1を　5こ　あわせた　数

2 つぎの　数を　数字で　書きましょう。(5×4)

(1) 七千三百六十九

(2) 六千八

(3) 五千四十

(4) 千十七

3 □に　あてはまる　数を　書きましょう。(5×2)

(1) 4970 ― 4980 ― □ ― □ ― □ ― 5020

(2) 9995 ― 9996 ― 9997 ― □ ― □ ― □

4 □に　あてはまる　数を　書きましょう。(5×2)

(1)

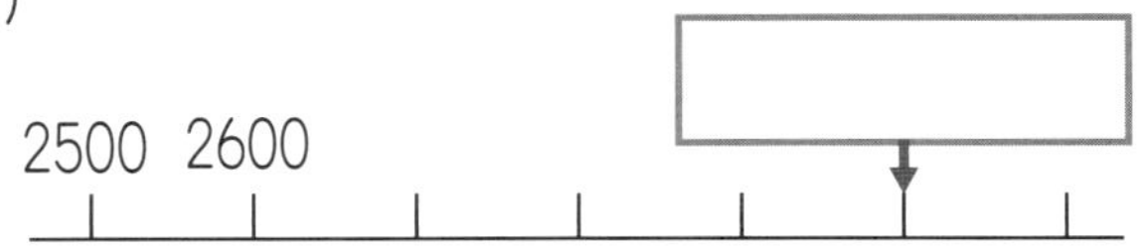
2500
2600

(2)

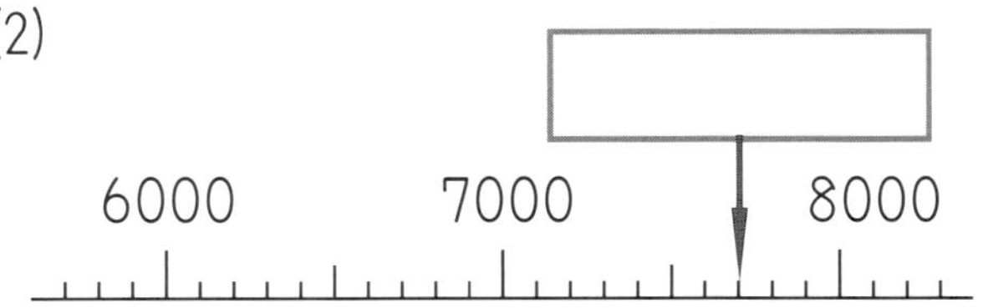
6000
7000
8000

5 □に　＞か，＜を　書きましょう。(5×4)

(1) 4000 □ 3999

(2) 5299 □ 5301

(3) 7249 □ 7251

(4) 9997 □ 10000

6 つぎの　数を　書きましょう。(5×4)

(1) 100を　14こ　あつめた　数

(2) 100を　75こ　あつめた　数

(3) 1000を　10こ　あつめた　数

(4) 10000より　1000　小さい　数

(A3 141%・B4 122%拡大)

月　　日

1000 より大きい数

名前

1 かずきさんは　ちょ金ばこを　あけて，何《なん》円　あるかを　しらべました。かずきさんの　ちょ金の　金がくを　もとめましょう。(10 × 4)

1000 円さつ　2 まい

100 円玉　34 まい

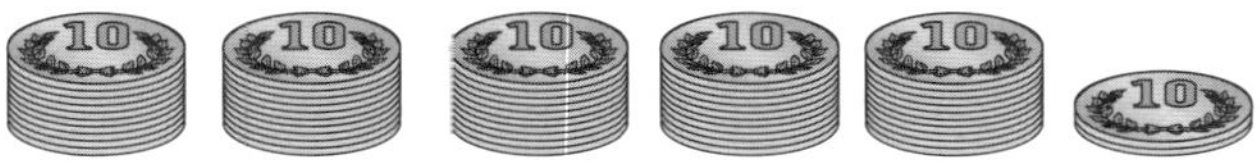

10 円玉　52 まい

(1) 千円さつだけでは，何円　ありますか。

□

(2) 100 円玉だけでは，何円　ありますか。

□

(3) 10 円玉だけでは，何円　ありますか。

□

(4) かずきさんの　ちょ金ばこに　入っていた　お金は　ぜんぶで　何円ですか。

□

2 ▢でかくれた　数《かず》は，どんな　数ですか。あてはまる　数を　すべて　書きましょう。(10 × 2)

(1) 98▢9 < 9828

□　□

(2) 6▢54 > 6824

□　□

4 つぎの　数に　ついて　せつ明《めい》して　います。□に　あてはまる　数を　書《か》きましょう。(5 × 8)

(1) 4600

□ と 600 を　あわせた　数です。

□ よりも　400　小さい　数です。

100 を □ こ　あつめた　数です。

10 を □ こ　あつめた　数です。

(2) 9800

9000 と □ を　あわせた　数です。

10000 よりも □ 小さい　数です。

100 を □ こ　あつめた　数です。

10 を □ こ　あつめた　数です。

(A3 141%・B4 122%拡大)

月　日

1000より大きい数

名前

1 つぎの 数《かず》を 数字《すうじ》で 書《か》きましょう。(4×9)

(1) 二千百三十七 □

(2) 六千三百 □

(3) 千五十四 □

(4) 八千十 □

(5) 千百 □

(6) 1000を 7こ，100を 2こ，10を 1こ，あわせた 数 □

(7) 1000を 2こ，100を 2こ，1を 7こ あわせた 数 □

(8) 1000を 9こ，1を 9こ あわせた 数 □

(9) 1000を 10こ，あつめた 数 □

3 □に あてはまる 数を 書きましょう。(4×3)

(1) □ − 9996 − 9997 − 9998 − □ − □

(2) 4985 − 4990 − □ − □ − □ − 5010

(3) □ − □ − 7910 − 7920 − 7930 − □

4 □に あてはまる 数を 書きましょう。(5×4)

(1) 5500　5600 （数直線）□

(2) 7950　7960　8000 （数直線）□

(3) 9950　9960 （数直線）□

(4) 9994　9995　9996　10000 （数直線）□

5 □に あう ＞か，＜を 書きましょう。(4×3)

(1) 7510 □ 7509

(2) 6709 □ 6790

(3) 5489 □ 5498

6 大きい じゅんに □に ばんごうを 書きましょう。(4×2)

(1) 7006 □　6985 □　7100 □　6990 □

(2) 9887 □　9903 □　9099 □　9090 □

7 つぎの 数を 書きましょう。(4×3)

(1) 100を 29こ あつめた 数 □

(2) 10000より 2000 小さい 数 □

(3) 10000より 300 小さい数 □

(A3 141%・B4 122%拡大)

1000より大きい数

名前

1　ちょ金ばこに　お金が　入って　います。ぜんぶで　何《なん》円か　もとめましょう。(5×4)

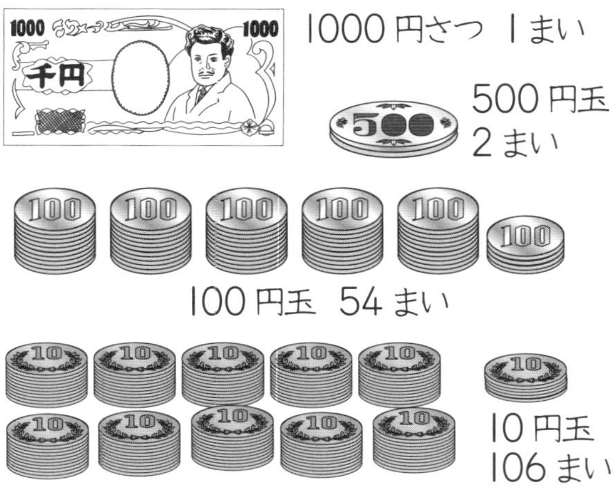
1000円さつ　1まい
500円玉
2まい
100円玉　54まい
10円玉
106まい

(1)　千円さつと　500円玉では，何円　ありますか。　□

(2)　100円玉だけでは，何円　ありますか。　□

(3)　10円玉だけでは，何円　ありますか。　□

(4)　ぜんぶで　何円ですか。　□

2　▢で　かくれた　数《かず》は，どんな　数ですか。あてはまる　数を　すべて　書きましょう。(5×4)

(1)　7786 ＜ 7▢85　□□

(2)　57▢8 ＞ 5774　□□□

(3)　94▢1 ＜ 9420　□□

(4)　6278 ＞ 6▢77　□□□

3　つぎの　数に　ついて　せつ明《めい》して　います。□に　あてはまる　数《かず》を　書きましょう。(5×4)

(1)　6800

①しょうご「□と　800を　合《あ》わせた　数です。」

②まさし「□よりも　200　小さい　数です。」

③あみ「100を　□こ　あつめた　数です。」

④みよ「10を　□こ　あつめた　数です。」

(2)　9500を　上の　4人と　同《おな》じように　せつ明《めい》しましょう。(10×4)

①しょうごさん　□

②まさしさん　□

③あみさん　□

④みよさん　□

(A3 141%・B4 122%拡大)

月　日

長い長さ

名前

1 □に あてはまる 数《かず》を 書《か》きましょう。(10×3)

(1) 1mmは，1cmを □ に 分《わ》けた 1つ分《ぶん》の 長《なが》さです。

(2) 9cmは，1cmの □ つ分の 長さです。

(3) 5cmと 6mmを あわせると，□ cm □ mmです。

2 (1)と (2)に あてはまる 長さの たんい（cm，mm）を 書きましょう。(5×2)

(1) はがきの よこの 長さ 10 □　(2) ノートの あつさ 3 □

3 長い ほうに，○を つけましょう。(5×2)

(1) （　）1cm ― 9mm（　）　(2) （　）4mm ― 4cm（　）

4 15cmに いちばん 近《ちか》いのは，どれですか。（　）に ○を つけましょう。(10)

（　）えんぴつに つける キャップの 長さ

（　）新《あたら》しい えんぴつの 長さ

（　）つくえの よこの 長さ

5 ㋐と ㋑の 長さを 書きましょう。(5×2)

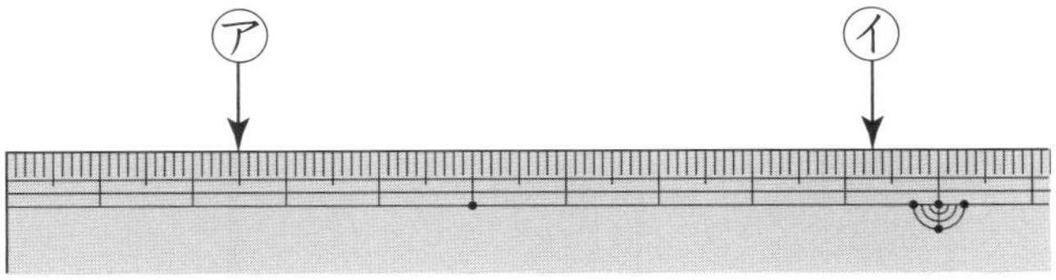

㋐ □

㋑ □

6 □に あてはまる 数を 書きましょう。(5×4)

(1) 7cm = □ mm　(2) 60mm = □ cm

(3) 3cm8mm = □ mm　(4) 72mm = □ cm □ mm

7 長さの 計算《けいさん》を しましょう。(5×2)

(1) 14cm 6mm + 3cm

(2) 6cm 9mm − 6mm

(A3 141%・B4 122%拡大)

　　　　月　　日

長い長さ

名前

1　つぎの　ものを　はかる　とき，30cmの　ものさしと，1mの　ものさしの　どちらを　つかった　ほうが　べんりですか。記《き》ごうを　書《か》きましょう。(5×2)

(1)　おり紙《がみ》の　たての　長《なが》さ　□

(2)　まどの　よこの　長さ　□

ア 30cmの　ものさし　イ 1mの　ものさし

2　□に　あてはまる　長さの　たんい(m, cm, mm)を　書きましょう。(5×3)

(1)　学校の　ろうかの　はば　3□

(2)　教科書《きょうかしょ》の　よこの　長さ　18□

(3)　教科書の　あつさ　4□

3　アと　イの　長さを　書きましょう。(5×4)

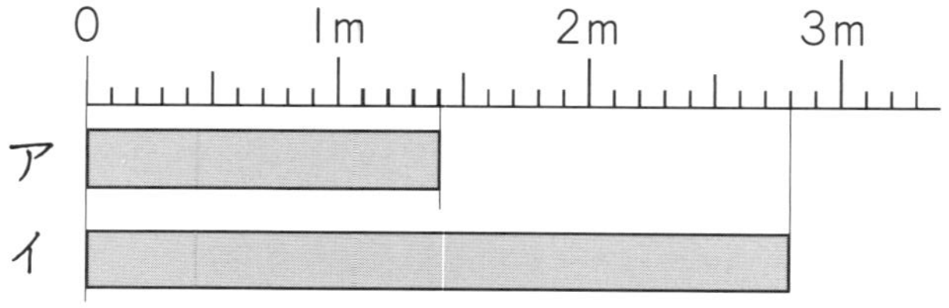

(1)　アの　長さ

□m □cm

□cm

(2)　イの　長さ

□m □cm

□cm

4　花だんの　よこの　長さを　はかりました。よこの　長さを　書きましょう。(5×2)

花だんの　よこの　長さ

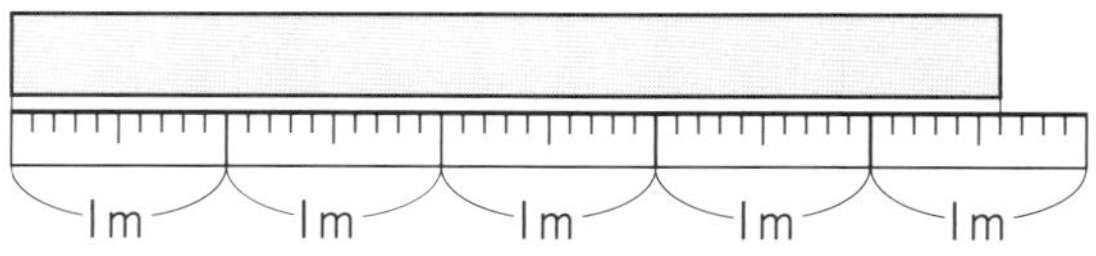

□m □cm

□cm

5　長いじゅんに，ならべて　書きましょう。(5)

150cm　　2m　　1m85cm

□ → □ → □

6　□に　あてはまる　数を　書きましょう。(5×4)

(1)　300cm = □m

(2)　9m = □cm

(3)　4m70cm = □cm

(4)　865cm = □m □cm

7　計算《けいさん》を　しましょう。(5×4)

(1)　7m + 35cm

(2)　3m40cm + 20cm

(3)　1m70cm − 50cm

(4)　1m − 20cm

(A3 141%・B4 122%拡大)

月　日

長い長さ

名前

1　6m53cmの　テープと　5mの　テープが　あります。(10×4)

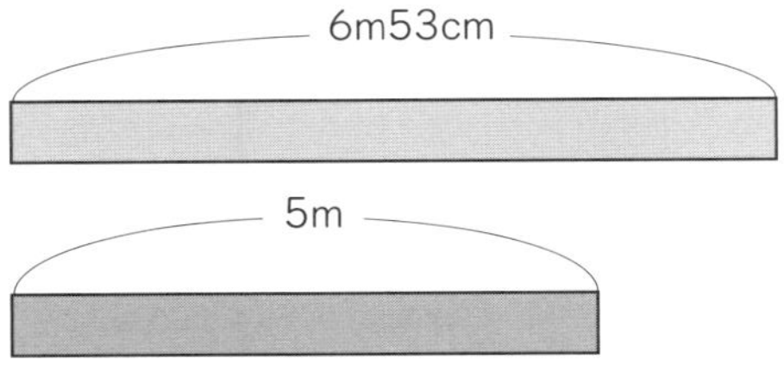

(1)　2本の　テープを　つなぎあわせた　長《なが》さを　もとめましょう。

しき

答《こた》え

(2)　2本の テープの　長さの　ちがいを　もとめましょう。

しき

答《こた》え

2　82cmの　たなの　上に　水そうを　のせました。水そうの　高《たか》さは，37cmです。

あわせた　高さは，何《なん》m何cmですか。(10×2)

しき

答え

3　よこはばが　1m24cmの　つくえと　64cmの　つくえが　あります。

2つの　つくえを　あわせた　ときの　よこの　長さを　もとめましょう。(10×2)

しき

答え

2　ゆみさんは，走りはばとびで　2m35cm　とびました。だいすけさんの　記《き》ろくは　それよりも　10cm　みじかい　記ろくでした。

だいすけさんが　とんだのは，何m何cmですか。(10×2)

しき

答え

(A3 141%・B4 122%拡大)

長い長さ

名前

1 □に　あてはまる　長《なが》さの　たんい (m, cm, mm)を　書《か》きましょう。(4×4)

(1) プールの　長さ　25 □

(2) 切《きっ》手の　長さ　25 □

(3) 新《あたら》しい　えんぴつの　長さ　18 □

(4) まきさんの　しんちょう
1 □ 35 □

2 つぎの　ものを　はかる　とき，30cm の　ものさしと，1m の　ものさしの　どちらを　つかった　ほうが　べんりですか。記《き》ごうを　書きましょう。(4×3)

(1) 学校の　くつばこの　高《たか》さ □

(2) ふでばこの　長さ □

(3) 図書室《としょしつ》の　本だなの　よこの　長さ □

ア 30cm の ものさし　イ 1m の ものさし

3 ア〜ウの　長さを　書きましょう。(4×6)

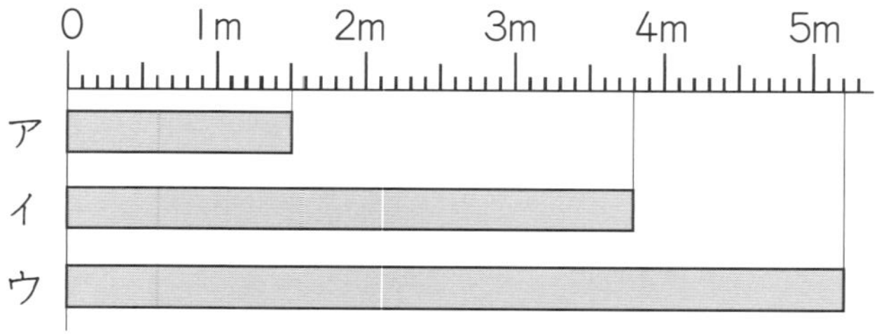

(1) アの　長さ　□ m □ cm
□ cm

(2) イの　長さ　□ m □ cm
□ cm

(3) ウの　長さ　□ m □ cm
□ cm

4 長い　じゅんに　ならべて　書きましょう。(4×2)

(1) 205cm　2m　2m15cm
□ → □ → □

(2) 3m30cm　333cm　3m3cm
□ → □ → □

5 □に　あてはまる　数《かず》を　書きましょう。(4×4)

(1) 2m = □ cm

(2) 4m45cm = □ cm

(3) 548cm = □ m □ cm

(4) 807cm = □ m □ cm

6 計算《けいさん》を　しましょう。(3×8)

(1) 2m + 3m30cm = □ m □ cm
= □ cm

(2) 85cm + 70cm = □ m □ cm
= □ cm

(3) 2m80cm − 75cm = □ m □ cm
= □ cm

(4) 2m − 50cm = □ m □ cm
= □ cm

(A3 141%・B4 122%拡大)

月　日

長い長さ

名前

1　兄《あに》の　しんちょうは，1m70cm です。わたしの　しんちょうは　1m36cm です。

(1)　兄は　わたしよりも　何《なん》cm　高《たか》いですか。(5 × 2)

しき

答《こた》え

(2)　わたしが　45cm の　台《だい》の　上に　立つと，高さは　何m何cmに　なりますか。(5 × 2)

しき

答え

(3)　兄が　上に　手を　のばしたら，2m10cm の　高さに　なります。天じょうの　高さは　2m55cm です。兄は　50cm　ジャンプする　ことが　できます。

兄が　ジャンプすれば，天じょうに　手が　とどきますか。しきを　書《か》いて　答えましょう。

また，考《かんが》え方《かた》も　せつ明《めい》しましょう。(式と答え 10 × 2　考え 10)

しき

答え

考え

2　リボンを　2 つに　切《き》ると，下の　ような　長さに　なりました。(5 × 4)

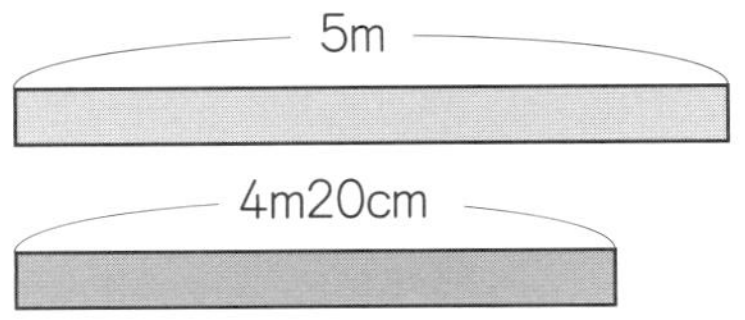

(1)　もとの　リボンの　長さは，どれだけですか。

しき

答え

(2)　切った　2 本の　リボンの　長さの　ちがいは，どれだけですか。

しき

答え

3　ともきさんの　へやの　たての　長さは，3m10cm です。2m50cm の　ベッドと　80cm の　つくえを　ならべて　おくことは　できますか。

しきを　書いて　答えましょう。

また，考え方も　せつ明しましょう。(式と答え 10 × 2　考え 10)

しき

答え

考え

(A3 141%・B4 122%拡大)

月　日

図を使って考えよう

名前

1 色紙《いろがみ》を　くばります。1人に　1まいずつ　26まい　くばったので，のこりが18まいに　なりました。(図10，式と答え5×2)

(1) 図《ず》の □ に　あてはまる　数《かず》を　書《か》きましょう。

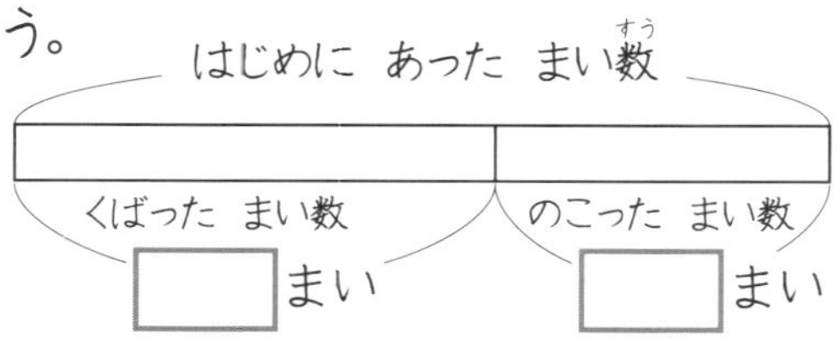
はじめに　あった　まい数《すう》
くばった　まい数
まい
のこった　まい数
まい

(2) はじめに　あった　色紙は，何《なん》まいですか。

しき

答《こた》え

2 池《いけ》に　鳥《とり》が　25羽《わ》　いました。そこへ　何《なん》羽か　とんで　きたので，41羽になりました。(図10，式と答え5×2)

(1) 図の □ に　あてはまる　数を　書きましょう。

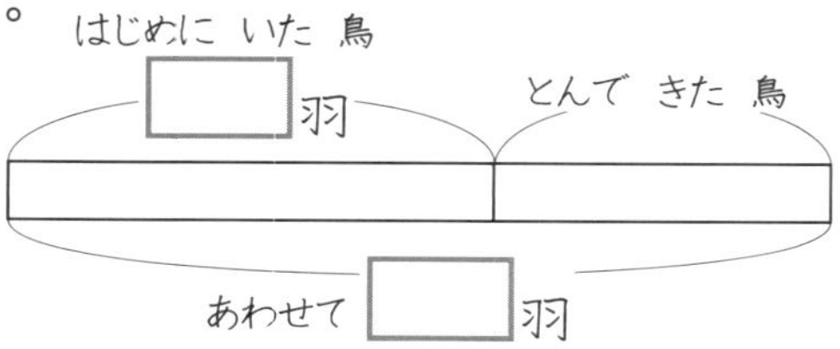
はじめに　いた　鳥
羽
とんで　きた　鳥
あわせて
羽

(2) とんで　きた　鳥は，何羽ですか。

しき

答え

3 花だんに　チョウが　何びきか　いました。8ぴき　とんで　きたので，23びきに　なりました。はじめに　いた　チョウは，何びきですか。図を　つかって　考えましょう。(式と答え10×2)

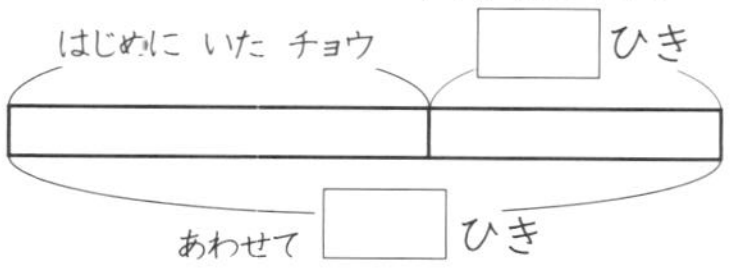
やって　きた　チョウ
はじめに　いた　チョウ
ひき
あわせて
ひき

しき

答え

4 赤色と　黄《き》色の　花が　さいて　います。赤色の　花は，黄色の　花よりも　7本　多《おお》いです。赤色の　花は，16本です。(図10，式と答え5×2)

(1) 図の □ に　あてはまる　数を　書きましょう。

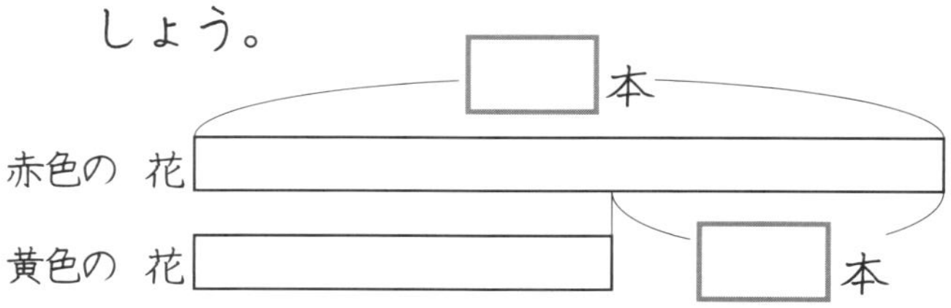
本
赤色の　花
黄色の　花
本

(2) 黄色の　花は，何本ですか。

しき

答え

5 わたしと，弟《おとうと》で　どんぐりを　ひろいました。わたしは，弟よりも　18こ　多く　ひろいました。わたしは，56こ　ひろいました。(図10，式と答え5×2)

(1) 図の □ に　あてはまる　数を　書きましょう。

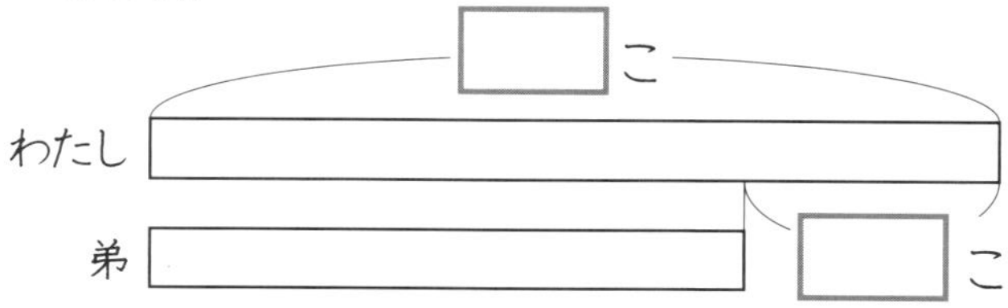
こ
わたし
弟
こ

(2) 弟が　ひろった　どんぐりは，何こですか。

しき

答え

(A3 141%・B4 122%拡大)

図を使って考えよう

名前

1　公園《こうえん》で　子どもたちが　あそんで　いました。15人が　帰《かえ》ったので，17人になりました。(図10，式と答え5×2)

(1)　図《ず》の □ に　あてはまる　数《かず》を　書《か》きましょう。

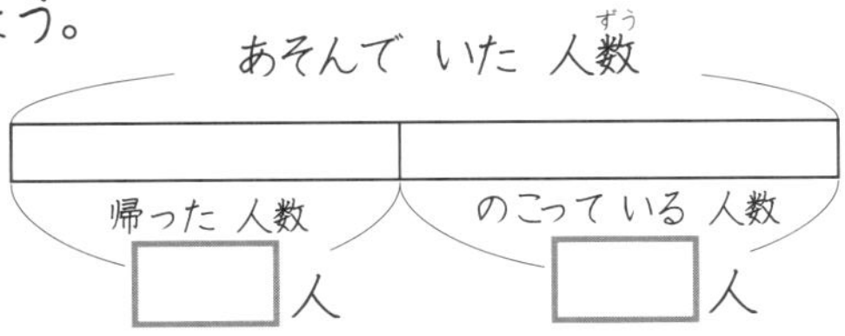

あそんで いた 人数《ずう》
帰った 人数
人
のこって いる 人数
人

(2)　あそんで　いた　子どもの　人数は　何《なん》人ですか。

しき

答《こた》え

2　120円　もって　いました。おかしを買《か》うと，のこりは　40円でした。おかしは，何円ですか。

図を　つかって　考《かんが》えましょう。(式と答え10×2)

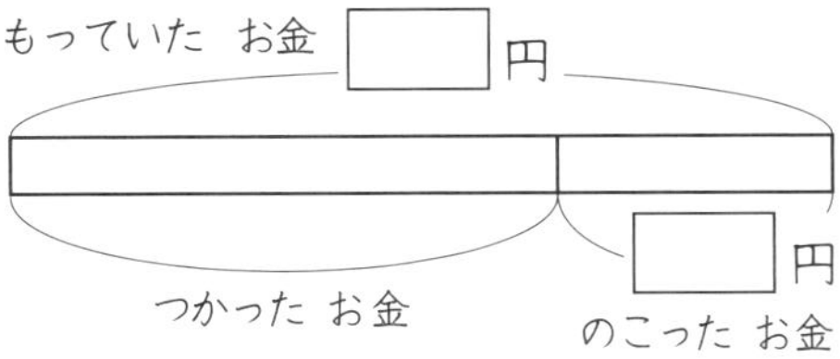

もっていた お金
円
つかった お金
円
のこった お金

しき

答え

3　プールに　女の子が　26人　います。男の子は，女の子よりも　5人　多《おお》いです。男の子は　何人　いますか。

図を　つかって　考えましょう。(式と答え10×2)

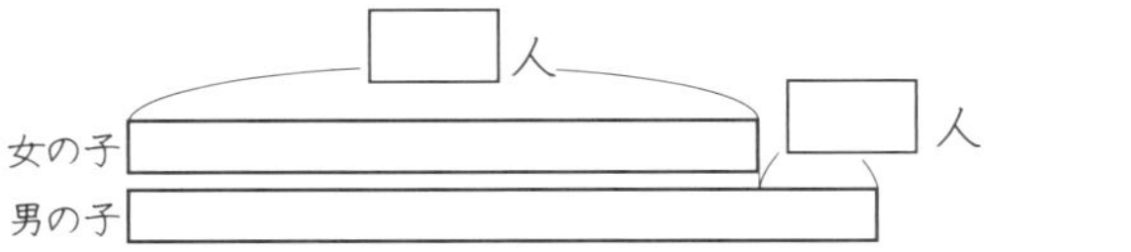

人
女の子
人
男の子

しき

答え

4　グミと　サイダーを　買《か》います。グミは，サイダーよりも　35円　やすいです。グミの　ねだんは，45円です。サイダーの　ねだんは，何円ですか。(図10，式と答え5×2)

(1)　図の □ に　あてはまる　数を　書きましょう。

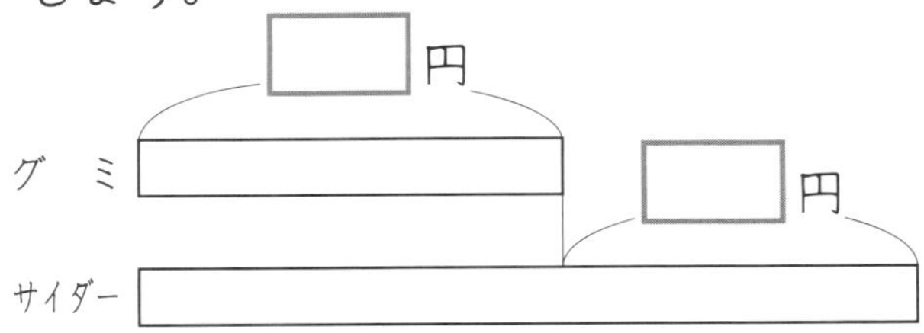

円
グミ
円
サイダー

(2)　サイダーは，何円ですか。

しき

答え

5　ゆみさんと　よしきさんで　なわとびをしました。ゆみさんは，よしきさんよりも15回《かい》　多く　とびました。ゆみさんがとんだのは，80回です。よしきさんがとんだのは，何回ですか。(図10，式答え5×2)

(1)　図の □ に　あてはまる　数を　書きましょう。

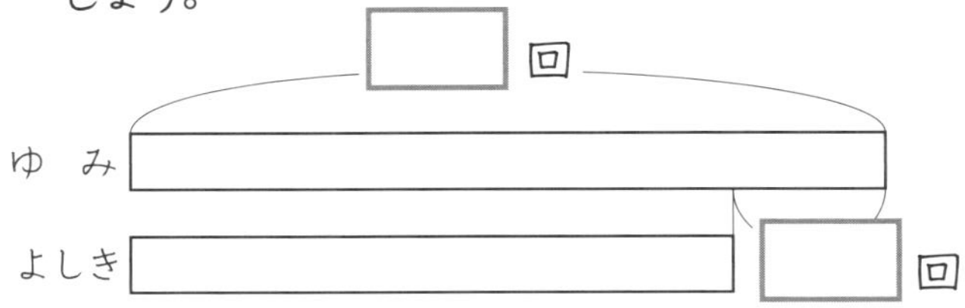

回
ゆみ
よしき
回

(2)　よしきさんが　とんだのは，何回ですか。

しき

答え

月　日

分　数

名前

1 色《いろ》の　ついた　ところが，もとの　大きさの　$\frac{1}{2}$の　大きさに　なって　いるのは　どれですか。(　　)に　○を　つけましょう。(20)

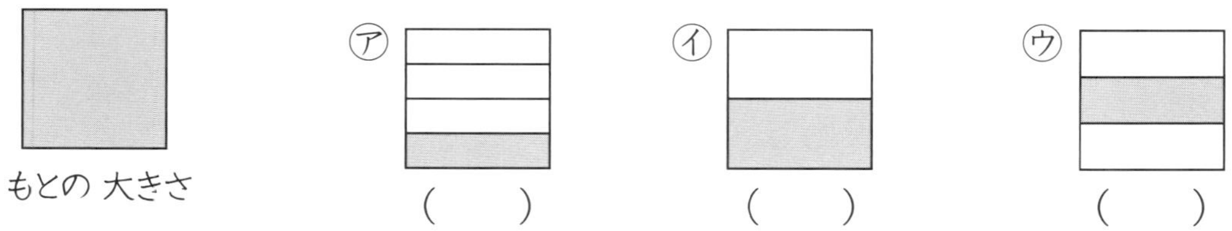

2 色の　ついた　ところが，もとの　大きさの　$\frac{1}{4}$の　大きさに　なって　いるのは　どれですか。(　　)に　○を　つけましょう。(20)

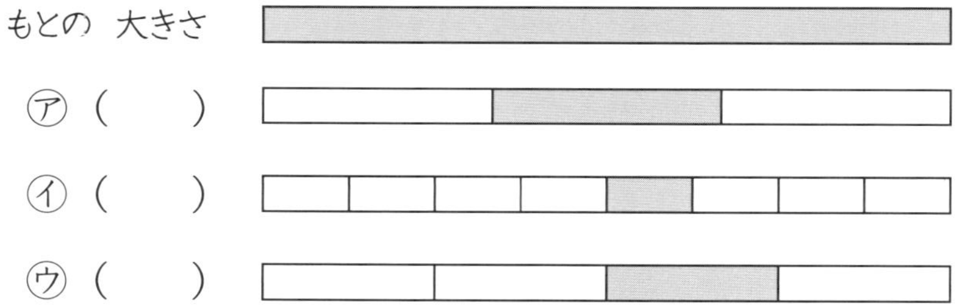

3 色の　ついた　ところの　大きさは，もとの　大きさの　何分《なんぶん》の一ですか。□に　分数《ぶんすう》を　書きましょう。(10 × 4)

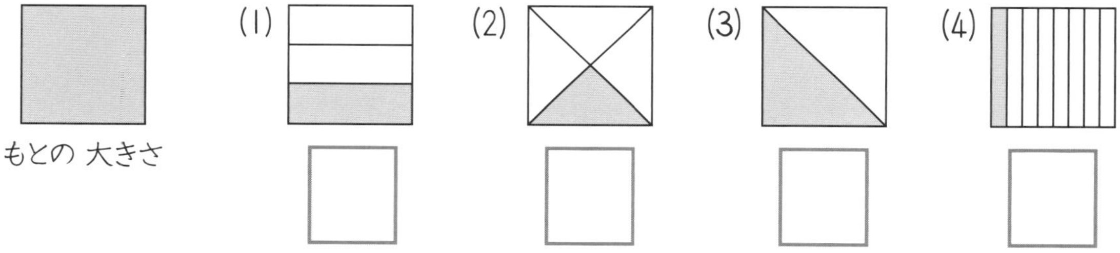

4 つぎの　分数を　あらわすのに　あてはまる　図《ず》を　えらんで　線《せん》を　ひき，色を　ぬりましょう。(10 × 2)

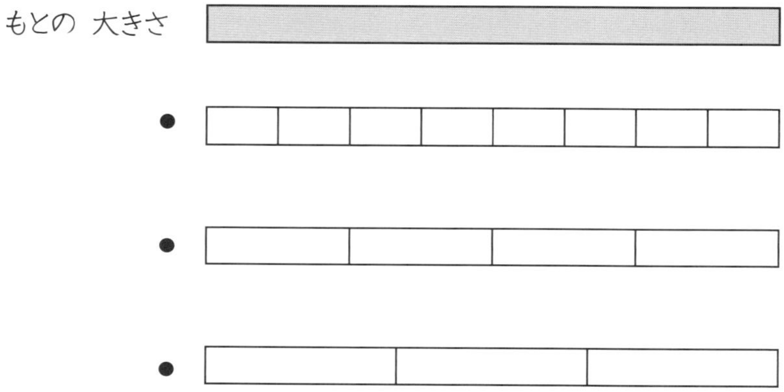

(1) $\frac{1}{3}$ ●

(2) $\frac{1}{8}$ ●

(A3 141%・B4 122%拡大)

月　日

分　数

名前

1 □に あてはまる 数《かず》を 書《か》きましょう。(10×4)

(1) 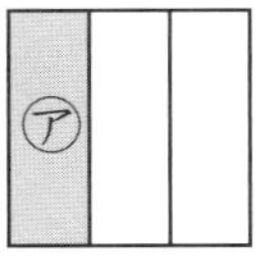 ㋐は，もとの 大きさを □つに 分《わ》けた 1つ分《ぶん》です。
これを $\frac{1}{□}$ と書きます。

(2) 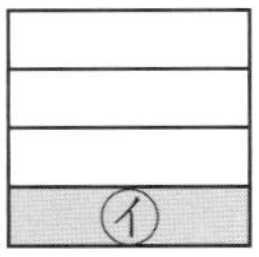 ㋑は，もとの 大きさを □つに 分けた 1つ分です。
これを $\frac{1}{□}$ と書きます。

2 色《いろ》の ついた ところの 大きさは，もとの 大きさの 何分《なん》の一ですか。
□に 分数を 書きましょう。(5×4)

もとの 大きさ

(1) 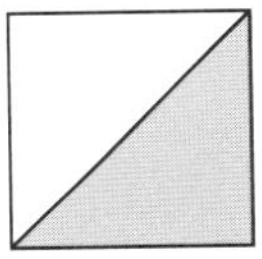 □

(2) 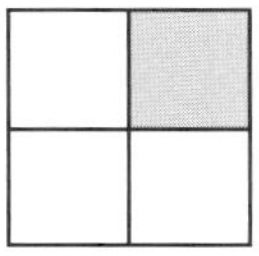 □

(3) 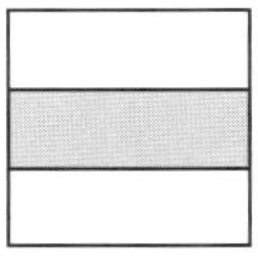 □

(4) 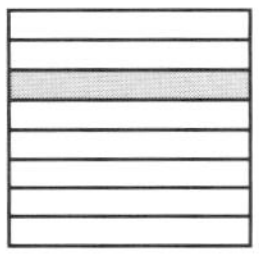 □

3 色の ついた ところの 大きさは，もとの 大きさの 何分の一ですか。
□に 分数《ぶんすう》を 書《か》きましょう。(5×4)

もとの 大きさ 

(1) □ 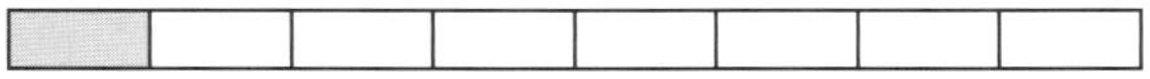

(2) □ 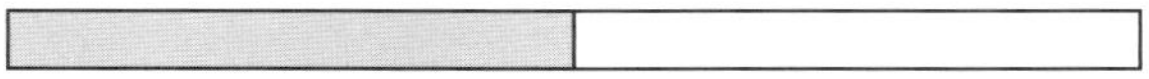

(3) □ 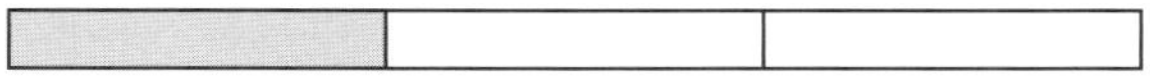

(4) □ 

4 下の 図《ず》の ように，12こ 入って いる クッキーが あります。
つぎの 分数で あらわした とき，クッキーは 何こに なりますか。(10×2)

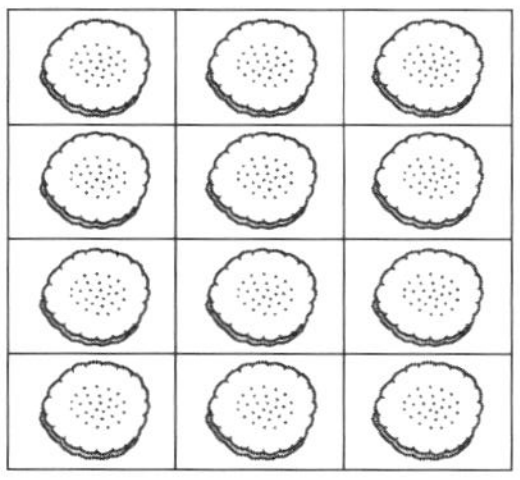

(1) $\frac{1}{2}$ 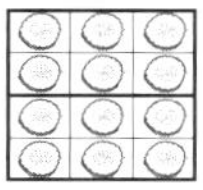 □こ

(2) $\frac{1}{3}$ 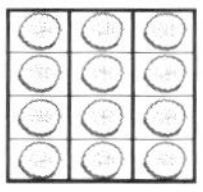 □こ

(A3 141%・B4 122%拡大)

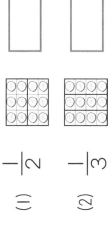

月　　日

はこの形

名前

1　つぎの　はこの　形《かたち》に　ついて　□　に　あてはまる　ことばを　下から　選んで　書《か》きましょう。(10 × 4)

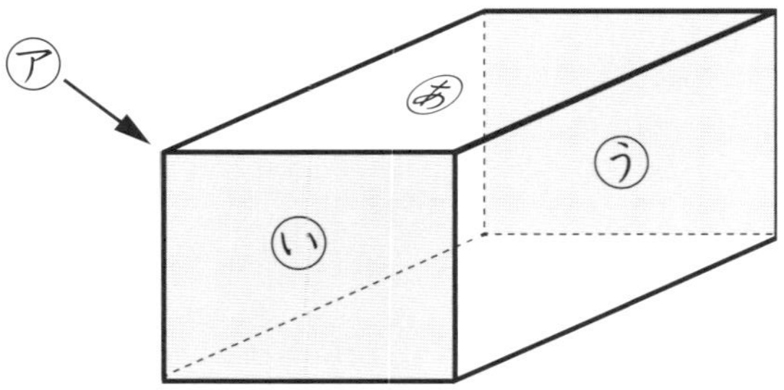

(1)　あいうの　ような　たいらな　ところを　□　と　いいます。

(2)　面《めん》と面の　さかいに　なって　いる　直線《ちょくせん》を　□　と　いいます。

(3)　アの　ように，3本の　へんが　あつまった　ところを　□　と　いいます。

(4)　面の　形は　□　に　なって　います。

へん　　面　　長方形《ちょうほうけい》　　ちょう点

2　ひごと　ねん土玉で，下の　ような　サイコロの　形を　作《つく》りました。(10 × 3)

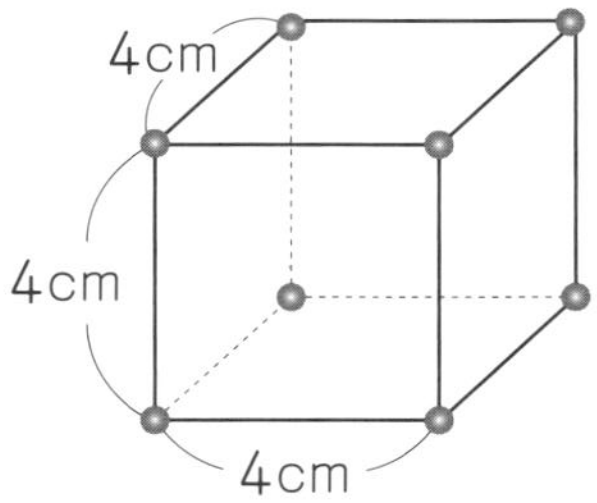

(1)　ねん土玉は，ぜんぶで　何《なん》こ　ありますか。

□　こ

(2)　4cmの　ひごは，ぜんぶで　何本　ありますか。

□　本

(3)　面の　形は，どんな　形ですか。

□

3　ひごと　ねん土玉で，下の　ような　はこの　形を　作ります。(10 × 3)

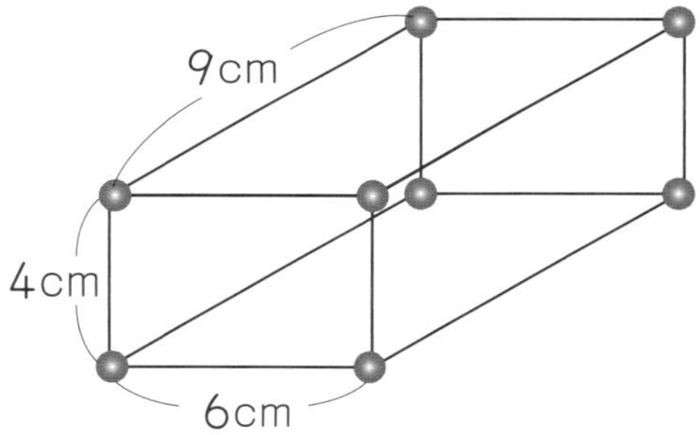

それぞれの　長さの　ひごは　何本　いりますか。

4cmのひごは　□　本

6cmのひごは　□　本

9cmのひごは　□　本

(A3 141%・B4 122%拡大)

月　日

はこの形

名前

1 (1), (2), (3)を　それぞれ　テープで　つないで　はこを　作《つく》ると, 下の　ア～ウの　どれに　なりますか。
記《き》ごうを　□に　書《か》きましょう。(20 × 3)

(1)

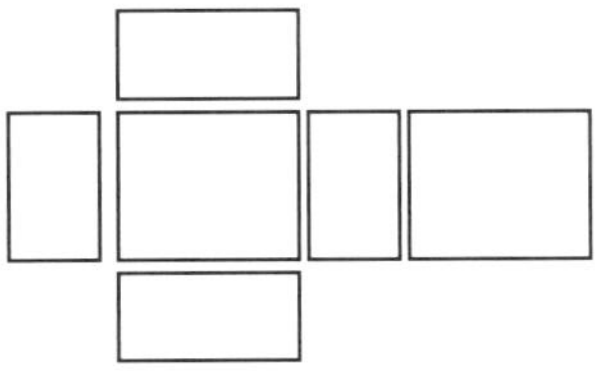

□

(2)

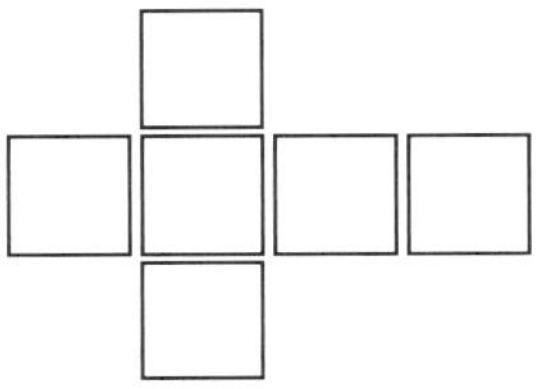

□

(3)

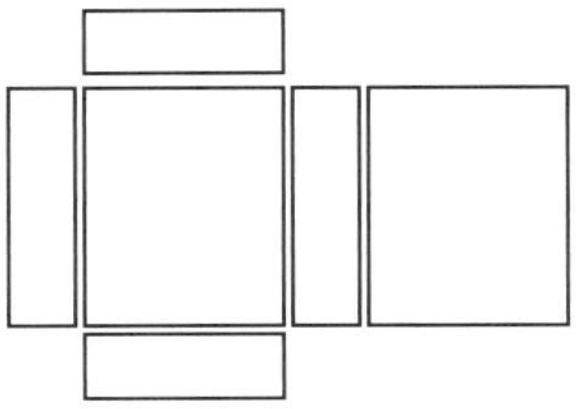

□

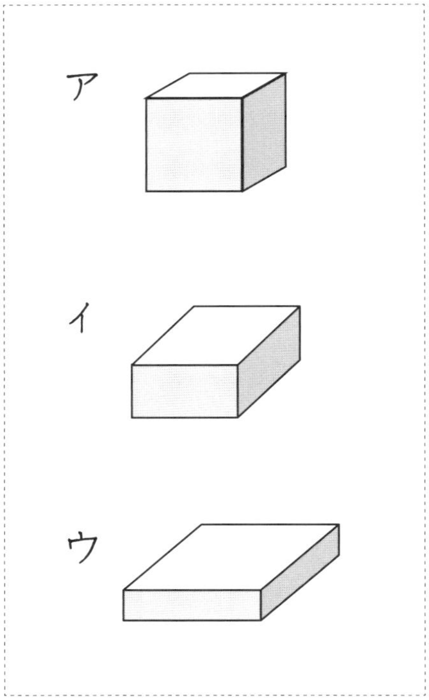

2 (1)と　(2)の　はこを　作ります。
それぞれ, ㋐, ㋑の　どちらを　組み立てたら　よいですか。記ごうを　□に　書きましょう。(20 × 2)

(1)

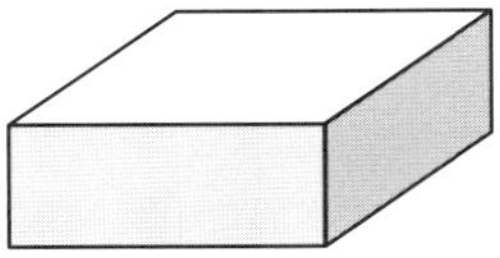

□

(2)

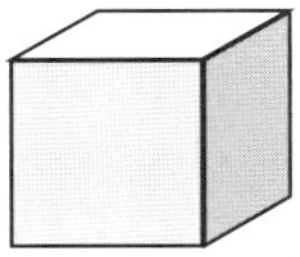

□

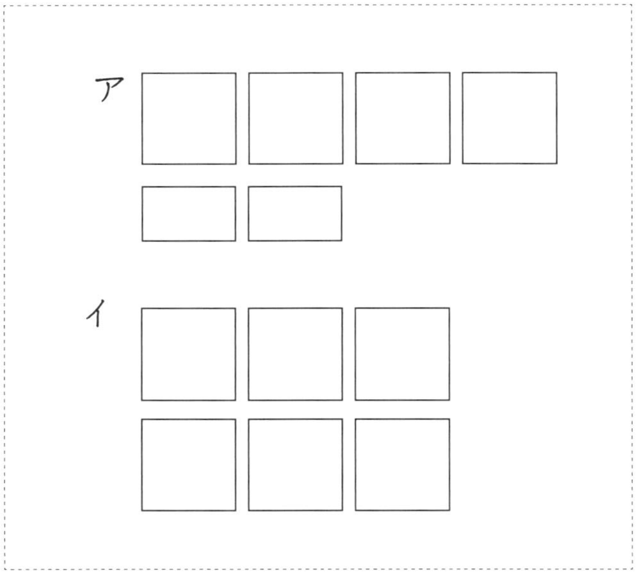

(A3 141%・B4 122%拡大)

月　日

はこの形

名前

1 つぎの はこの 形《かたち》に ついて 答《こた》えましょう。(5×7)

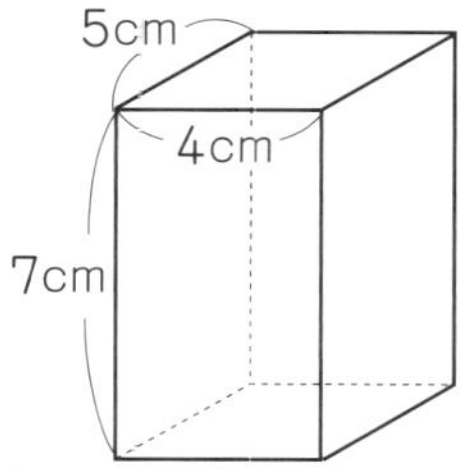

(1) 面《めん》は 何《なん》こ ありますか。　□ こ

(2) へんは ぜんぶで 何本 ありますか。　□ 本

4cmの へんは 何本 ありますか。　□ 本

5cmの へんは 何本 ありますか。　□ 本

7cmの へんは 何本 ありますか。　□ 本

(3) ちょう点《てん》は 何こ ありますか。　□ こ

(4) 面は 何という 形ですか。　□

2 つぎの はこの 形に ついて 答えましょう。(5×4)

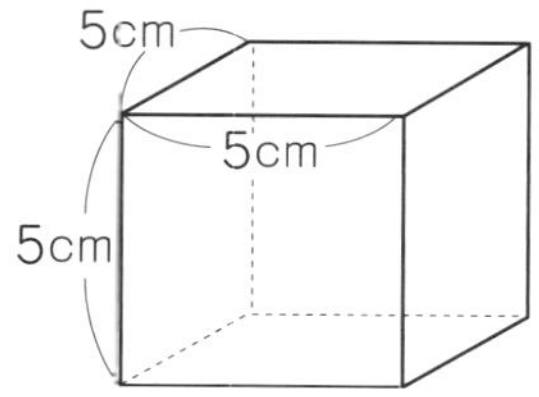

(1) 面は 何こ ありますか。　□ こ

(2) 5cmの へんは 何本 ありますか。　□ 本

(3) ちょう点は 何こ ありますか。　□ こ

(4) 面は 何と いう 形ですか。　□

3 ひごと ねん土玉で，下の ような はこの 形を 作《つく》ります。

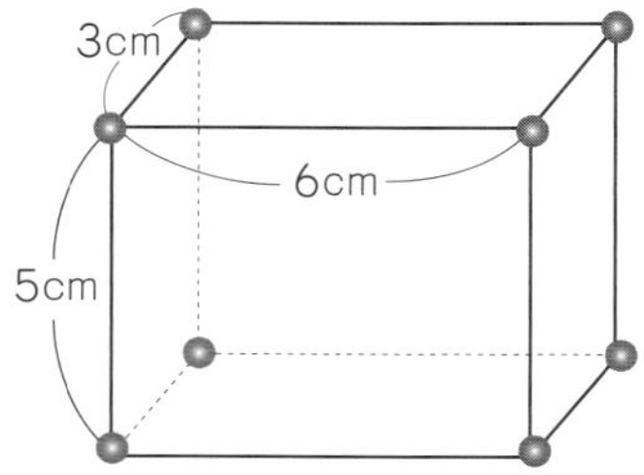

(1) ねん土玉は，ぜんぶで 何こ いりますか。(5)　□ こ

(2) 何cmの ひごは 何本 いりますか。ひょうに 数《かず》を 書《か》きましょう。(5×6)

ひごの 長《なが》さ	ひごの 本数《すう》
cm	本
cm	本
cm	本

4 ひごと ねん土玉で，下の ような サイコロの 形を 作りました。(5×2)

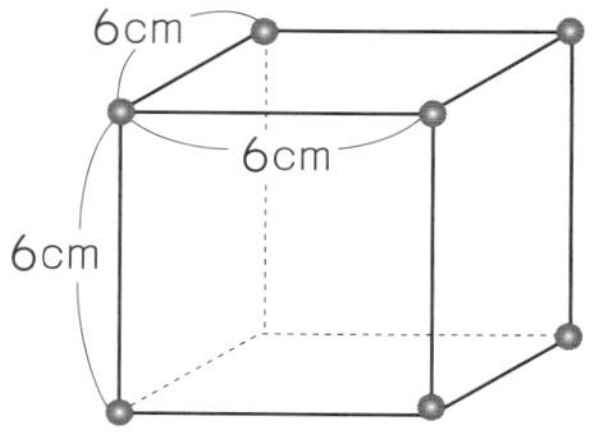

(1) ねん土玉は，ぜんぶで 何こ いりますか。　□ こ

(2) 6cmの ひごは，何本 いりますか。　□ 本

(A3 141%・B4 122%拡大)

月　　日

はこの形

名前

1　(1)，(2)の　はこを　作《つく》ります。それぞれの　図《ず》には　面《めん》が　１つ　たりません。方《ほう》がん紙《し》に　面を　１つ　かきたしましょう。(10×2)

(1)

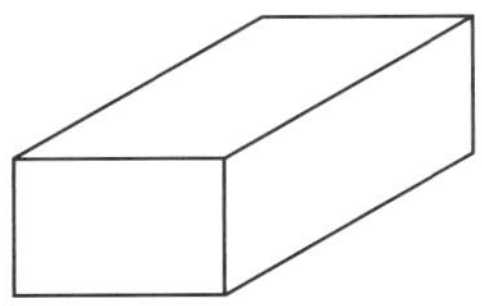

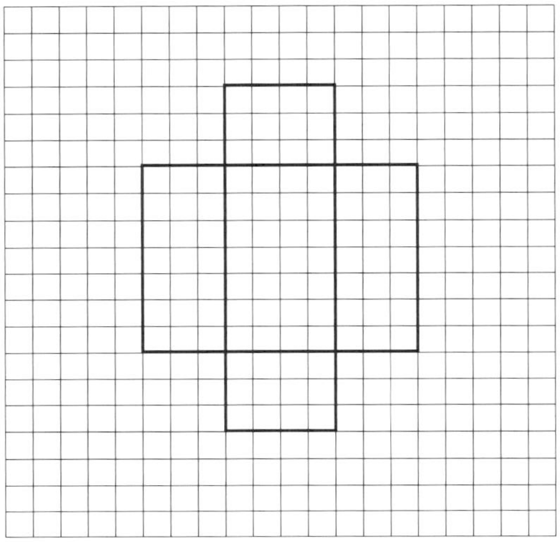

(2)

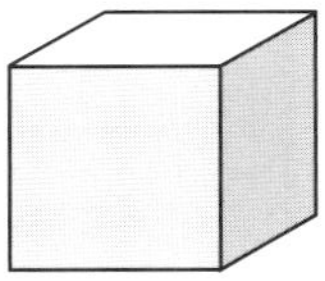

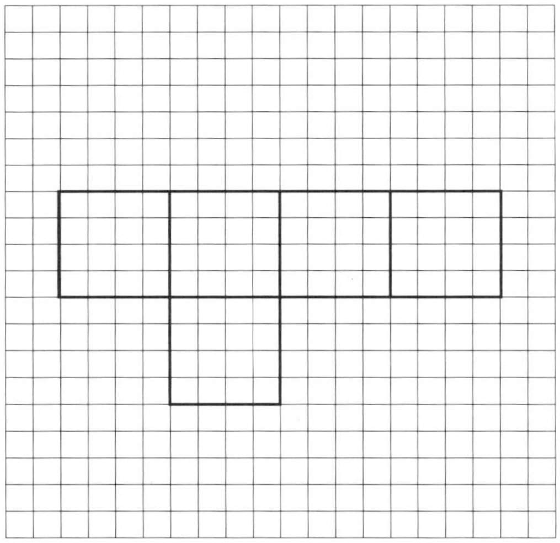

2　つぎの　はこを　作ります。ア～オの　どの　面が，何《なん》まい　あれば　よいですか。記ごうや　数《かず》を　□に　書《か》きましょう。(20×3)

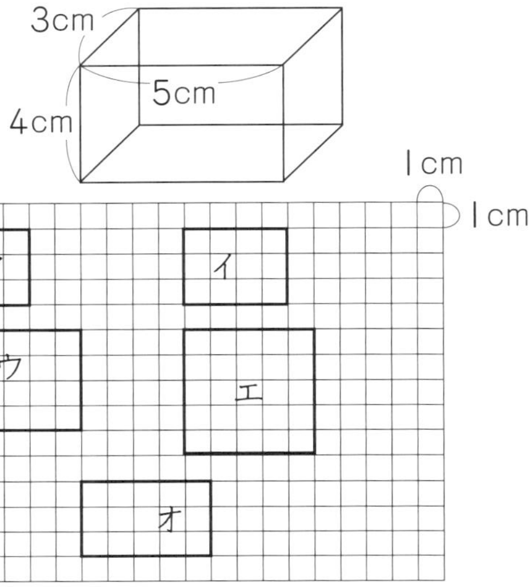

□を　□まい

□を　□まい

□を　□まい

3　右の　ような　サイコロの　形《かたち》を　作ります。下の　６つの　面を　よういしましたが，うまく　できませんでした。その　理《り》ゆうを　せつ明《めい》しましょう。(20)

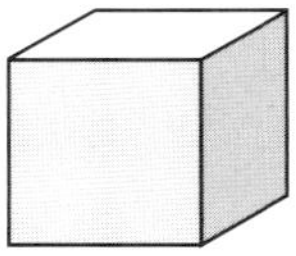

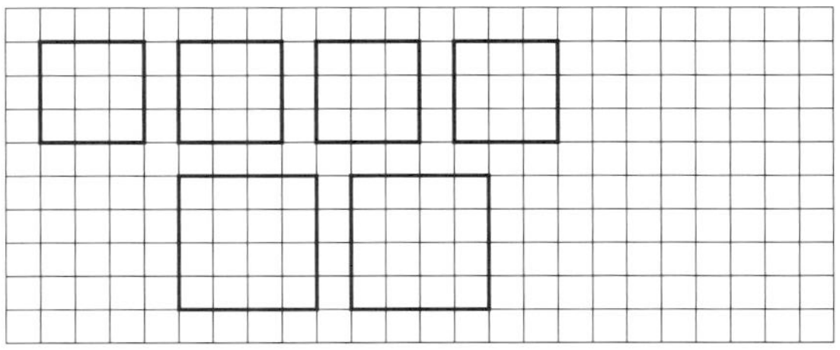

(A3 141%・B4 122%拡大)

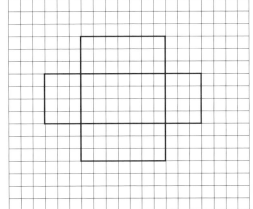

知識技能A　　　　月　　日

学年のまとめ

名前

1　つぎの　計算《けいさん》を　ひっ算で　しましょう。(5×6)

(1)　54 + 37　　(2)　7 + 49

(3)　86 − 38　　(4)　62 − 57

(5)　78 + 94　　(6)　102 − 57

2　下の　時計《とけい》の　時《じ》こくの　30分前《ぶんまえ》と　30分後《ご》の　時こくを　答《こた》えましょう。(5×2)

30分前の　時こく

30分後の　時こく

3　□に　あてはまる　数《かず》を　書《か》きましょう。(5×4)

(1)　1cm ＝ □ mm

(2)　1m ＝ □ cm

(3)　1L ＝ □ dL

(4)　1L ＝ □ mL

4　計算を　しましょう。(5×4)

(1)　3×7

(2)　7×4

(3)　9×8

(4)　8×6

5　下の　方《ほう》がん紙《し》に　つぎの　形《かたち》を　書きましょう。(5×2)

(1)　1つの　へんの　長《なが》さが　4cmの　正方形《せいほうけい》

1cm　1cm

(2)　直角《ちょっかく》と　なる　2つの　へんの　長さが　6cmと　3cmの　直角三角形

1cm　1cm

6　つぎの　数を　数字《すう》で　書きましょう。(5×2)

(1)　七千十

(2)　1000を　6こ，1を　5こ　あわせた数

月　日

学年のまとめ

名前

1　公園《こうえん》に　子どもが　50人　います。(5×4)

(1)　そのうち　男の子は，26人　です。女の子は，何《なん》人ですか。

しき

答《こた》え

(2)　女の子と　男の子では　どちらの　ほうが　何人　多《おお》いですか。

しき

答え

2　電《でん》車に　子どもが　18人　のって　います。(5×4)

(1)　おとなは，子どもよりも　26人　多く　のって　います。おとなは，何人ですか。

しき

答え

(2)　電車には，子どもと　おとなを　あわせて　何人　のって　いますか。

しき

答え

3　牛《ぎゅう》にゅうが　1L　ありました。2dL　のみました。のこりは　何dL　ですか。また，それは　何mLですか。(5×3)

しき

答え　　dL

　　mL

4　おさらが　4まい　あります。どの　おさらにも　クッキーが　7まいずつ　のって　います。クッキーは　ぜんぶで　何まい　ありますか。(5×2)

しき

答え

5　1本が　6cmの　リボンを　9本　作《つく》ります。何cmの　リボンが　あれば　できますか。(5×2)

しき

答え

6　わたしの　しんちょうは　1m36cm　です。72cmの　台《だい》の　上に　上がると　高《たか》さは　何m何cmに　なりますか。(5×2)

しき

答　　m　　cm

7　まりさんは，30分間《ぶんかん》　電《でん》車に　のって，おりた　時《じ》こくは　9時15分　でした。まりさんが　電車に　のった　時こくは，何時何分ですか。(5)

電車を　おりた　時こく

答え

8　下の　長方形《ちょうほうけい》や　三角形《さんかくけい》に　直線《ちょくせん》を　1本　ひいて，三角形と　四角形に　わけましょう。(5×2)

(1)

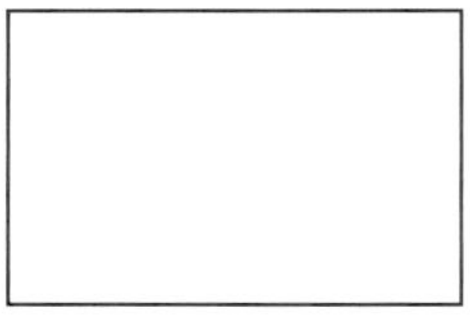

(2)

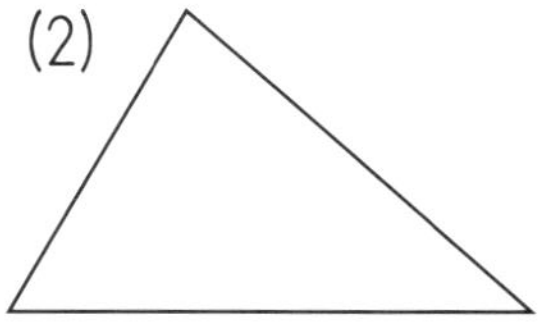

(A3 141%・B4 122%拡大)

解答　児童に実施させる前に，必ず指導される方が問題を解いてください。本書の解答は，あくまでも１つの例です。指導される方の作られた解答をもとに，本書の解答例を参考に児童の多様な考えに寄り添って○つけをお願いします。

P2

知識技能 A　月　日

１年のふりかえり　名前

1 計算を しましょう。
(1) 6 + 3　9
(2) 8 + 4　12
(3) 9 + 5　14
(4) 6 + 4　10
(5) 6 + 7　13
(6) 8 − 4　4
(7) 10 − 6　4
(8) 12 − 9　3
(9) 13 − 8　5
(10) 11 − 6　5

2 計算を しましょう。
(1) 4 + 6 − 3　7
(2) 17 − 7 + 5　15
(3) 50 + 20　70

3 □に あてはまる 数を 書きましょう。
(1) 10が 5こと 1が 2こで　52
(2) 60は，10が　6　こ
(3) 10が 10こで　100
(4) 98 − 99 − 100 − 101 − 102
(5) 30 − 90 − 100 − 110 − 120

4 何時何分ですか。
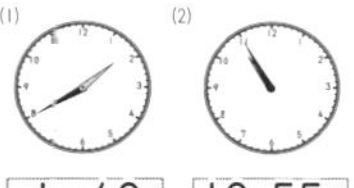
(1) 1時40分　(2) 10時55分

P3

知識技能 B　月　日

１年のふりかえり　名前

1 計算を しましょう。
(1) 3 + 4　7
(2) 2 + 8　10
(3) 8 + 7　15
(4) 7 + 6　13
(5) 8 + 9　17
(6) 3 + 9　12
(7) 4 + 7　11
(8) 7 − 4　3
(9) 10 − 6　4
(10) 12 − 4　8
(11) 13 − 6　7
(12) 17 − 9　8
(13) 14 − 8　6
(14) 11 − 7　4

2 計算を しましょう。
(1) 10 + 6 − 8　8
(2) 14 − 7 + 5　12
(3) 80 + 6　86
(4) 60 − 40　20

3 □に あてはまる 数を 書きましょう。
(1) 10が 8こと 1が 6こで　86
(2) 70は，10が　7　こ
(3) 100は，90よりも　10　大きい。
(4) 65 − 70 − 75 − 80 − 85
(5) 108 − 109 − 110 − 111 − 112

4 何時何分ですか。
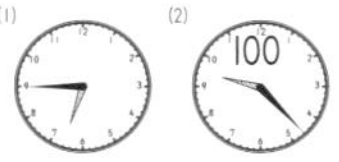
(1) 6時45分　(2) 9時23分

P4

思考判断表現 A　月　日

１年のふりかえり　名前

1 水そうに 金魚が 5ひき います。そこへ 7ひき 入れました。金魚は あわせて 何びきですか。
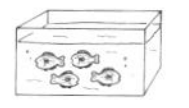
しき　5+7=12
答え　12ひき

2 あめが 15こ ありました。7こ 食べました。のこりは，何こですか。

しき　15−7=8
答え　8こ

3 カブトムシが 16ぴき います。そのうち メスは 7ひきです。オスは 何びきですか。

しき　16−7=9
答え　9ひき

4 女の子が 14人 います。男の子は 9人 います。女の子の ほうが 何人 多いですか。
しき　14−9=5
答え　5人

5 木に 鳥が 8羽 います。そこへ 4羽 とんで きました。そして，6羽 とんで いきました。木に いる 鳥は 何羽ですか。
しき　8+4−6=6
答え　6羽

P5

知識技能 A　月　日

ひょうとグラフ　名前

● すきな くだものを 1つずつ えらんで グラフに あらわしました。

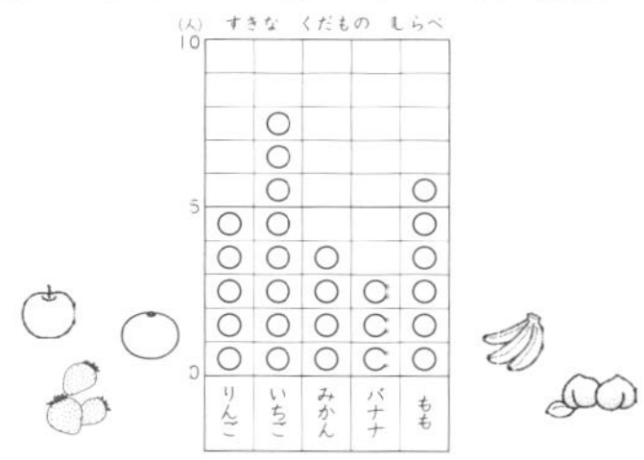

(1) りんごが すきな 人は，何人 いますか。　5人
(2) いちばん 多いのは どの くだもので，何人ですか。　いちご　8人
(3) すきな 人が 4人 いるのは，どの くだものですか。　みかん
(4) ももが すきな 人は バナナが すきな 人よりも 何人 多いですか。　3人
(5) グラフの 人数を ひょうに あらわしましょう。

すきな くだもの しらべ

すきな くだもの	りんご	いちご	みかん	バナナ	もも
人数（人）	5	8	4	3	6

P6

知識技能 B　月　日

ひょうとグラフ　名前

● 2年1組では，公園に ある すきな ゆうぐを 1人 1つずつ えらんで ひょうに しました。

すきな ゆうぐ しらべ

すきな ゆうぐ	うんてい	ブランコ	すべり台	てつぼう	すな場
人数（人）	4	7	5	3	9

(1) ひょうの 人数を，○を つかって 右の グラフに あらわしましょう。

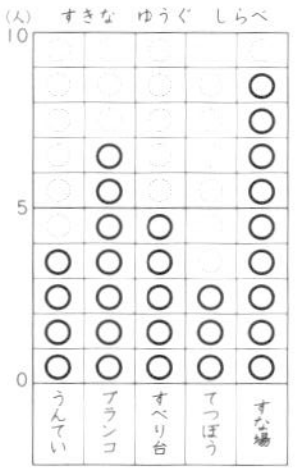

(2) いちばん すきな 人が 多いのは 何の ゆうぐで，何人ですか。　すな場　9人
(3) うんていが すきな 人は，てつぼうが すきな 人よりも 何人 多いですか。　1人
(4) すべり台が すきな 人は，ブランコが すきな 人よりも 何人 少ないですか。　2人
(5) 2年1組は，ぜんぶで 何人ですか。　28人

P7

学習準備　月　日

たし算のひっ算　名前

1 計算を しましょう。
(1) 4 + 3　7　(2) 7 + 5　12　(3) 9 + 6　15
(4) 7 + 6　13　(5) 4 + 9　13　(6) 8 + 9　17
(7) 7 + 8　15　(8) 4 + 7　11　(9) 3 + 8　11
(10) 20 + 30　50　(11) 30 + 5　35　(12) 23 + 5　28

2 いくつですか。数字と 読みを 書きましょう。
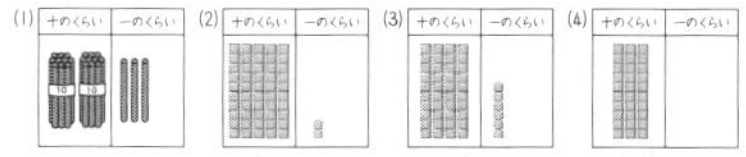
(1) 数字 23　読み にじゅうさん
(2) 数字 52　読み ごじゅうに
(3) 数字 46　読み よんじゅうろく
(4) 数字 30　読み さんじゅう

3 公園で 男の子が 5人，女の子が 7人 あそんで います。あわせて 何人の 子どもが あそんで いますか。

しき　5+7=12
答え　12人

4 花だんに ちょうが 9ひき います。6ぴき やって きました。ちょうは 何びきに なりましたか。

しき　9+6=15
答え　15ひき

P8

知識技能 A　月　日

たし算のひっ算　名前

1 26 + 47の 計算を します。□に あてはまる 数を 書きましょう。
26 + 47
一のくらいの 計算　6 + 7 = 13
一のくらいの 答えは 3
十のくらいに 1 くり上げる
十のくらいの 計算　1 くり上がって いるから 1 + 2 + 4 = 7
十のくらいの 答えは 7
26 + 47の 答えは 73 です。

2 答えが 同じに なる しきを 下の ア〜エから えらんで，きごうを 書きましょう。
(1) 48 + 26　ウ
(2) 25 + 38　イ
ア 28 + 26
イ 38 + 25
ウ 26 + 48
エ 28 + 36

3 計算を しましょう。
(1) 32 + 46 = 78　(2) 69 + 25 = 94

4 ひっ算で しましょう。
(1) 32 + 45　77　(2) 56 + 26　82
(3) 28 + 16　44　(4) 48 + 5　53
(5) 7 + 56　63　(6) 15 + 57　72
(7) 29 + 54　83　(8) 72 + 19　91
(9) 62 + 28　90　(10) 41 + 29　70

P9

思考判断表現 A　月　日

たし算のひっ算　名前

1 赤い 花が 40本，青い 花が 23本 さいて います。あわせて 何本に なりますか。
しき　40+23=63
答え　63本

2 下の おかしを 1つずつ 買うと，あわせて いくらに なりますか。

35円　48円
しき　35+48=83
答え　83円

3 答えが 正しければ ○，まちがっていれば 正しい 答えを □に 書きましょう。
(1) 36 + 22 = 58　○
(2) 47 + 15 = 62　○
(3) 48 + 28 = 66　76
(4) 51 + 28 = 89　79

4 3年生は，男の子が 29人，女の子が 26人 います。あわせて 何人ですか。

しき　29+26=55
答え　55人

5 ふみやさんは 8才です。お父さんは，ふみやさんよりも 32才 年上です。お父さんは，何才ですか。
しき　32+8=40
答え　40才

P10

知識技能 B　月　日

たし算のひっ算　名前

1 38 + 29の 計算を します。□に あてはまる 数を 書きましょう。
38 + 29
一のくらいの 計算　8 + 9 = 17
一のくらいの 答えは 7
十のくらいに 1 くり上げる
十のくらいの 計算　1 くり上がって いるから 1 + 3 + 2 = 6
十のくらいの 答えは 6
38 + 29の 答えは 67 です。

2 答えが 同じに なる しきを ア〜カから えらんで きごうを 書きましょう。
(1) 37 + 35　カ
(2) 45 + 26　ア
(3) 18 + 54　エ
ア 26 + 45
イ 35 + 54
ウ 45 + 35
エ 54 + 18
オ 18 + 45
カ 35 + 37

3 計算の たしかめを しましょう。
(1) 74 + 18 = 92　→ たしかめ　18 + 74 = 92
(2) 47 + 6 = 53　→ たしかめ　6 + 47 = 53

4 ひっ算で しましょう。
(1) 42 + 36　78　(2) 6 + 54　60
(3) 28 + 36　64　(4) 38 + 49　87
(5) 48 + 46　94　(6) 53 + 39　92
(7) 38 + 22　60　(8) 78 + 4　82
(9) 7 + 63　70　(10) 6 + 59　65
(11) 3 + 77　80　(12) 72 + 19　91
(13) 62 + 28　90　(14) 41 + 9　50

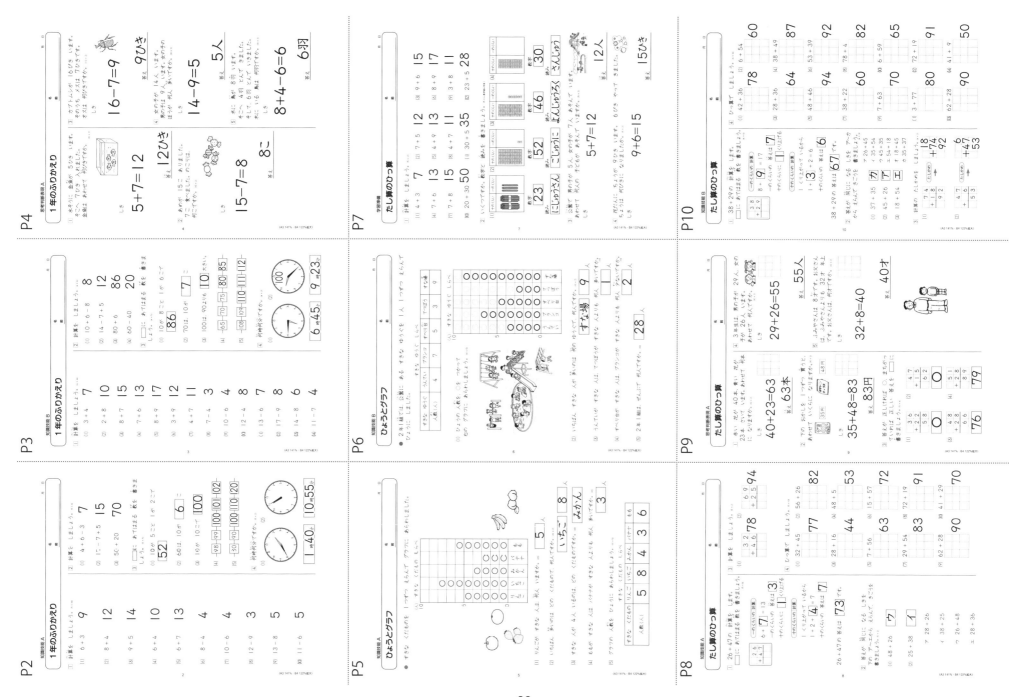

P11

思考判断表現 B

たし算のひっ算

1 ひよこが 27ひき います。7ひき やって きました。ひよこは 何びきに なりましたか。

しき 27+7=34　34ひき

2 公園に おとなが 8人 います。子どもは，おとなよりも 16人 多く います。

(1) 子どもは，何人ですか。

しき 8+16=24　答え 24人

(2) おとなと 子どもは，あわせて 何人 いますか。

しき 8+24=32　答え 32人

3 答えが 正しければ ○，まちがって いれば，正しい 答えを □に 書きましょう。

(1) 47＋23＝60　70　(2) 32＋18＝50　○

(3) 8＋70＝88　78　(4) 57＋8＝65　○

4 おかしを 2つ えらんで 買います。（38円，52円，28円，57円，23円）

(1) グミと ガムを 買うと 何円ですか。

38+28=66　答え 66円

(2) クッキーと チョコレートを 買うと 何円ですか。

57+23=80　答え 80円

(3) 何と 何を 買えば，ちょうど 90円に なりますか。

グミ と ポテトチップス

5 まいさんは，カードを 29まい もって います。

(1) りょうさんは まいさんよりも 8まい 多く もって います。りょうさんは カードを 何まい もって いますか。

しき 29+8=37　答え 37まい

(2) たくみさんは，りょうさんよりも 18まい 多く もって います。たくみさんは カードを 何まい もって いますか。

しき 37+18=55　答え 55まい

P12

学習準備

ひき算のひっ算

1 計算を しましょう。

(1) 7－4 3　(2) 12－8 4　(3) 14－9 5

(4) 13－8 5　(5) 14－7 7　(6) 11－7 4

(7) 14－6 8　(8) 12－6 6　(9) 12－5 7

(10) 11－5 6　(11) 11－4 7　(12) 13－4 9

(13) 11－3 8　(14) 12－3 9　(15) 15－8 7

(16) 30－10 20　(17) 60－20 40　(18) 47－3 44

(19) 65－60 5　(20) 36－5 31

2 ぎょうざが 15こ ありました。7こ 食べました。何こ のこって いますか。

しき 15−7=8　答え 8こ

3 子どもが 11人 います。そのうち 5人が 女の子です。男の子は 何人ですか。

しき 11−5=6　答え 6人

4 男の子が 8人 います。女の子が 14人 います。どちらが 何人 多いですか。

しき 14−8=6　答え 女の子が6人多い。

5 お姉さんは 色紙を 16まい もって います。弟は，お姉さんより 9まい 少ないです。弟は，色紙を 何まい もって いますか。

しき 16−9=7　答え 7まい

P13

知識技能 A

ひき算のひっ算

1 83－47の 計算を します。□に あてはまる 数を 書きましょう。

一のくらいの 計算：3－7は できないから 十のくらいから 1 くりさげる　13－7＝6　一のくらいの 答えは 6

十のくらいの 計算：1 くり下げて いるから 7－4＝3　十のくらいの 答えは 3

83－47の 答えは 36 です。

2 ひき算を しましょう。

(1) 76－24＝52　(2) 59－36＝23

(3) 72－27＝45　(4) 56－49＝7

3 ひっ算で しましょう。

(1) 93－51 42　(2) 93－53 40

(3) 92－39 53　(4) 81－56 25

(5) 81－74 7　(6) 65－6 59

(7) 60－54 6　(8) 42－8 34

4 ひき算の 答えの たしかめを します。□に あう 数を 書きましょう。

(1) 73－26＝47　たしかめ 47＋26＝73

(2) 42－19＝23　たしかめ 23＋19＝42

P14

思考判断表現 A

ひき算のひっ算

1 トマトが 47こ ありました。23こ 食べました。のこりは 何こに なりましたか。

しき 47−23=24　答え 24こ

2 白い 花が 31こ，赤い 花が 16こ さきました。どちらの 花が 何こ 多いですか。

しき 31−16=15　白い 花が 15こ 多い。

3 答えが 正しければ ○，まちがって いれば，正しい 答えを □に 書きましょう。

(1) 64－23＝31　41　(2) 46－26＝20　○

(3) 62－28＝44　34　(4) 58－53＝5　○

4 3年生は，みんなで 81人 います。そのうち 男の子が 39人です。女の子は 何人ですか。

しき 81−39=42　答え 42人

5 あゆみさんは，本を 71ページ 読みました。しゅんやさんが 読んだ ページは あゆみさんよりも 18ページ 少ないです。しゅんやさんは，何ページ 読みましたか。

しき 71−18=53　答え 53ページ

P15

知識技能 B

ひき算のひっ算

1 72－36の 計算を します。□に あてはまる 数を 書きましょう。

一のくらいの 計算：2－6は できないから 十のくらいから 1 くり下げる　12－6＝6　一のくらいの 答えは 6

十のくらいの 計算：1 くり下げて いるから 6－3＝3　十のくらいの 答えは 3

72－36の 答えは 36 です。

2 ひき算の 答えの たしかめに なる しきを えらんで，きごうを □に 書きましょう。

(1) 81－26＝55　ア　(2) 53－8＝45　ウ

ア 55＋26　イ 45＋53　ウ 45＋8　エ 26＋45

3 ひき算の たしかめを しましょう。

(1) 62－26＝36　たしかめ 36＋26＝62

(2) 47－9＝38　たしかめ 38＋9＝47

4 ひっ算で しましょう。

(1) 48－5 43　(2) 36－18 18

(3) 52－39 13　(4) 74－65 9

(5) 92－14 78　(6) 72－66 6

(7) 30－4 26　(8) 88－39 49

(9) 64－7 57　(10) 55－48 7

(11) 51－27 24　(12) 75－9 66

(13) 62－24 38　(14) 84－48 36

P16

思考判断表現 B

ひき算のひっ算

1 おたまじゃくしが 27ひき いました。14ひきが かえるに なりました。おたまじゃくしは 何びきに なりましたか。

27−14=13　答え 13びき

2 公園に 61人 子どもが います。そのうち 女の子は，26人です。

(1) 男の子は，何人ですか。

61−26=35　答え 35人

(2) 女の子と 男の子では，どちらが 何人 多いですか。

35−26=9　男の子が 9人 多い。

3 答えが 正しければ ○，まちがって いれば，正しい 答えを □に 書きましょう。

(1) 47－23＝24　○　(2) 32－18＝24　14

(3) 80－7＝77　73　(4) 91－85＝06　6

4 2人で どんぐりを ひろいました。どちらが 何こ 多く ひろいましたか。（ひかるさん 48こ，ともみさん 39こ）

48−39=9　ひかるさんが 9こ 多い。

5 おかしを 買います。（38円，18円，63円，48円，72円）

(1) あみさんは，90円 もって います。チョコレートを 買うと 何円 のこりますか。

90−72=18　答え 18円

(2) いちばん 高いおかしと いちばん やすい おかしでは 何円 ちがいますか。

72−18=54　答え 54円

(3) グミを 買って 50円を はらうと，おつりは 何円ですか。

50−38=12　答え 12円

(4) 80円で おかしを 2つ 買います。あめを 買うと もう 1つ 買うことが できるのは，どれと どれですか。

グミ　ポテトチップス

P17

知識技能 A

たし算とひき算のひっ算

1 計算を しましょう。

(1) 34＋53＝87　(2) 29＋17＝46

(3) 68－26＝42　(4) 90－64＝26

2 答えが 同じに なる しきを ア〜カから えらんで，きごうを 書きましょう。

(1) 43＋26　カ　(2) 27＋46　ウ　(3) 7＋24　エ

ア 34＋26　イ 29＋7　ウ 46＋27　エ 24＋7　オ 46＋29　カ 26＋43

3 答えの たしかめに なる しきを ア〜カから えらんで，きごうを 書きましょう。

(1) 53－26　オ　(2) 95－48　エ　(3) 42－5　イ

ア 37＋26　イ 37＋5　ウ 47＋5　エ 47＋48　オ 27＋26　カ 37＋48

4 ひっ算で しましょう。

(1) 63＋26 89　(2) 37＋26 63

(3) 58＋9 67　(4) 34＋56 90

(5) 4＋47 51

(6) 97－56 41　(7) 82－64 18

(8) 74－7 67　(9) 61－53 8

(10) 87－27 60

P18

思考判断表現 A

たし算とひき算のひっ算

1 90円 もって います。48円の ポテトチップスを 買いました。何円 のこって いますか。

しき 90−48=42　答え 42円

2 バッタが 草むらに 18ぴき います。とんで いる バッタが 9ひき います。あわせて 何びきに なりますか。

しき 18+9=27　答え 27ひき

3 答えが 正しければ ○，まちがって いれば，正しい 答えを □に 書きましょう。

(1) 65＋27＝82　92　(2) 48＋26＝74　○

(3) 78－24＝44　54　(4) 91－18＝83　73

4 どんぐりひろいを しました。ちひろさんは 37こ ひろいました。ひとしさんは 56こ ひろいました。どちらが 何こ 多く ひろいましたか。

しき 56−37=19　ひとしさんが 19こ 多い。

5 お姉さんは 妹に 42まい おり紙を あげました。53まい のこって います。お姉さんは はじめに 何まい もって いましたか。

しき 42+53=95　答え 95まい

P19

知識技能 B

たし算とひき算のひっ算

1 計算を しましょう。

(1) 72＋16＝88　(2) 46＋28＝74　(3) 53＋17＝70

(4) 86－43＝43　(5) 72－27＝45　(6) 43－35＝8

2 答えの たしかめを します。□に あてはまる 数を 書きましょう。

(1) 56＋43＝96　たしかめ 43＋56＝96

(2) 27＋33＝60　たしかめ 33＋27＝60

(3) 87－53＝34　たしかめ 34＋53＝87

(4) 91－19＝72　たしかめ 72＋19＝91

(5) 52－43＝9　たしかめ 9＋43＝52

3 ひっ算で しましょう。

(1) 54＋13 67　(2) 7＋56 63

(3) 25＋8 33　(4) 46＋34 80

(5) 18＋73 91　(6) 6＋54 60

(7) 84－32 52　(8) 92－6 86

(9) 87－27 60　(10) 72－27 45

(11) 52－48 4　(12) 50－28 22

(13) 71－7 64　(14) 63－27 36

解答

児童に実施させる前に，必ず指導される方が問題を解いてください。本書の解答は，あくまでも１つの例です。指導される方の作られた解答をもとに，本書の解答例を参考に児童の多様な考えに寄り添って○つけをお願いします。

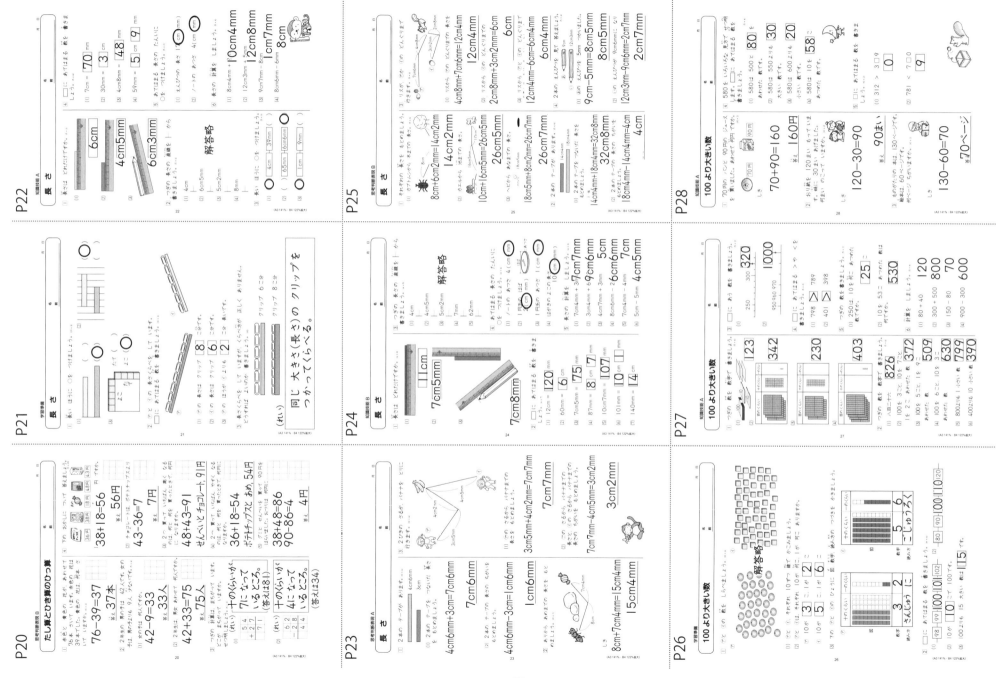

P20

思考判断表現 B

たし算とひき算のひっ算　名前　月　日

1 赤色《あかいろ》と 青色《あおいろ》の 花が，あわせて 76本 さいて います。赤色の 花は 39本でした。青色の 花は，何本 さいて いますか。

76−39=37　答え 37本

2 2年生の 男の子は 42人です。女の子は，男の子よりも 9人 少ないです。

(1) 女の子は 何人ですか。

42−9=33　答え 33人

(2) 2年生は，男女 あわせて 何人ですか。

42+33=75　答え 75人

3 つぎの 計算は，まちがって います。どこが まちがって いますか。せつ明しましょう。

(1) 54+27=71　(れい) 十のくらいが 7に なって いるところ。(答えは81)

(2) 62−28=44　(れい) 十のくらいが 4に なって いるところ。(答えは34)

4 下の おかしに ついて 答えましょう。

36円　38円　18円　48円　43円

(1) 38+18=56　円 ですか。答え 56円

(2) チョコレートは，ポテトチップスより 43−36=7　答え 7円

(3) 2こ 買って いちばん 高く なるのは，何と 何を 買ったときで，何円に なりますか。

48+43=91　せんべいと チョコレート，91円

(4) 2こ 買って いちばん やすく なるのは，何と 何を 買ったときで，何円に なりますか。

36+18=54　ポテトチップスと あめ，54円

(5) グミと せんべいを 買って 90円を はらいました。おつりは 何円に

38+48=86
90−86=4　答え 4円

P21

学習準備

長さ　名前　月　日

1 長《なが》い ほうに ○を つけましょう。

(1) (　) (○)

(2) (○) (　)

(3) たて (　) よこ (○)

2 ㋐と ㋑の 長さくらべを して います。□に あてはまる 数を 書きましょう。

(1) ㋐の 長さは クリップ 8 こ分です。

(2) ㋑の 長さは クリップ 6 こ分です。

(3) ㋐の ほうが ㋑よりも 2 こ分 長いです。

3 長さくらべを して いますが，くらべ方が 正しく ありません。どうすれば よいのか 書きましょう。

クリップ 6こ分　クリップ 8こ分

(れい) 同じ 大きさ(長さ)の クリップを つかって くらべる。

P22

知識技能 A

長さ　名前　月　日

1 長さは どれだけですか。

(1) 6cm

(2) 4cm5mm

(3) 6cm3mm

2 つぎの 長さの 直線《ちょくせん》を ├ から 書きましょう。

(1) 4cm　(2) 6cm5mm　(3) 5cm2mm　(4) 8mm

解答略

3 長い ほうに ○を つけましょう。

(1) (○) 4cm　39mm (　)

(2) (　) 65mm　6cm6mm (○)

(3) (○) 1cm　9mm (　)

4 □に あてはまる 数を 書きましょう。

(1) 7cm = 70 mm

(2) 30mm = 3 cm

(3) 4cm8mm = 48 mm

(4) 59mm = 5 cm 9 mm

5 あてはまる 長さの たんいに ○を つけましょう。

(1) えんぴつの 長さ 17(cm・mm) → cm

(2) ノートの あつさ 4(cm・mm) → mm

6 長さの 計算を しましょう。

(1) 8cm4mm + 2cm = 10cm4mm

(2) 12cm3mm + 5mm = 12cm8mm

(3) 9cm7mm − 8cm = 1cm7mm

(4) 8cm6mm − 6mm = 8cm

P23

思考判断表現 A

長さ　名前　月　日

1 2本の テープが あります。4cm6mm　3cm

(1) 2本の テープを つないだ 長さを もとめましょう。

4cm6mm+3cm=7cm6mm　7cm6mm

(2) 2本の テープの 長さの ちがいを もとめましょう。

4cm6mm−3cm=1cm6mm　1cm6mm

2 ありから あめまでの 長さを もとめましょう。 8cm　7cm4mm

しき 8cm+7cm4mm=15cm4mm　15cm4mm

3 2ひきの さるが，バナナを とりに 行きます。 4cm2mm　3cm5mm　4cm5mm

(1) ㋐の さるから，バナナまでの 長さを もとめましょう。

3cm5mm+4cm2mm=7cm7mm　7cm7mm

(2) ㋐の さるから バナナまでの 長さと，㋑の さるから バナナまでの 長さの ちがいを もとめましょう。

7cm7mm−4cm5mm=3cm2mm　3cm2mm

P24

知識技能 B

長さ　名前　月　日

1 長さは どれだけですか。

(1) 11cm

(2) 7cm5mm

(3) 7cm8mm

2 □に あてはまる 数を 書きましょう。

(1) 12cm = 120 mm

(2) 60mm = 6 cm

(3) 7cm5mm = 75 mm

(4) 87mm = 8 cm 7 mm

(5) 10cm7mm = 107 mm

(6) 101mm = 10 cm 1 mm

(7) 140mm = 14 cm

3 つぎの 長さの 直線を ├ から 書きましょう。

(1) 4cm　(2) 4cm5mm　(3) 5cm2mm　(4) 7mm　(5) 62mm

解答略

4 あてはまる 長さの たんいに ○を つけましょう。

(1) ノートの あつさ 4(cm・mm) → mm

(2) 1円玉の はば 2(cm・mm) → cm

(3) 1円玉の あつさ 1(cm・mm) → mm

(4) はがきの よこの 長さ 10(cm・mm) → cm

5 長さの 計算を しましょう。

(1) 7cm4mm + 3mm = 7cm7mm

(2) 3cm4mm + 6mm... = 9cm6mm

(3) 4cm7mm + 3mm = 5cm

(4) 8cm6mm − 2cm = 6cm6mm

(5) 7cm4mm − 4mm = 7cm

(6) 5cm − 5mm = 4cm5mm

P25

思考判断表現 B

長さ　名前　月　日

1 それぞれの 長さを もとめましょう。

(1) カブトムシから 木までの 長さ。

8cm+6cm2mm=14cm2mm　14cm2mm

(2) カエルから 池までの 長さ。

10cm+16cm5mm=26cm5mm　26cm5mm

(3) ヘビから あなまでの 長さ。

18cm5mm+8cm2mm=26cm7mm　26cm7mm

2 2本の テープが あります。14cm4mm　18cm4mm

(1) 2本の テープを つないだ 長さを もとめましょう。

14cm4mm+18cm4mm=32cm8mm　32cm8mm

(2) 2本の テープの 長さの ちがいを もとめましょう。

18cm4mm−14cm4mm=4cm　4cm

3 リスが，㋐か ㋑の どんぐりまで 行きます。 7cm6mm　4cm8mm　3cm2mm　2cm8mm

(1) リスから ㋐の どんぐりまでの 長さを

4cm8mm+7cm6mm=12cm4mm　12cm4mm

(2) リスから ㋑の どんぐりまで

2cm8mm+3cm2mm=6cm　6cm

(3) リスから，㋐と ㋑の どんぐりまで

12cm4mm−6cm=6cm4mm　6cm4mm

4 2本の えんぴつを 見て 答えましょう。 ㋐ 9cm　㋑ 12cm3mm

(1) ㋐の えんぴつを 5mm つかいました。

9cm−5mm=8cm5mm　8cm5mm

(2) ㋑の えんぴつが 9cm6mmに なり

12cm3mm−9cm6mm=2cm7mm　2cm7mm

P26

学習準備

100より大きい数　名前　月　日

1 ㋐と ㋑の 数を しらべましょう。

解答略

(1) ㋐と ㋑，それぞれ 10ずつ 線《せん》で かこみましょう。

(2) ㋐と ㋑は，それぞれ 10が 何こ，1が 何こ ありますか。

㋐ 10が 3 こ，1が 2 こ

㋑ 10が 5 こ，1が 6 こ

(3) 下の ㋐と ㋑の ひょうに 図，数字，読み方の つづきを かきましょう。

	十のくらい	一のくらい
㋐ 数字	3	2
㋐ 読み方	さんじゅう	に
㋑ 数字	5	6
㋑ 読み方	ごじゅう	ろく

2 □に あてはまる 数を 書きましょう。

(1) 98 − 99 − 100 − 101 − 102

(2) 80 − 90 − 100 − 110 − 120

(2) 10が 10 こで 100です。

(3) 100よりも 15 大きい 数は 115 です。

P27

知識技能 A

100より大きい数　名前　月　日

1 つぎの 数を 数字で 書きましょう。

(1) 123

(2) 342

(3) 230

(4) 403

2 つぎの 数を 数字で 書きましょう。

(1) 八百二十六　826

(2) 100を 3こ，10を 7こ，1を 2こ あわせた 数　372

(3) 100を 5こ，1を 9こ あわせた 数　509

(4) 100を 6こ，10を 3こ あわせた 数　630

(5) 800よりも 1 小さい 数　799

(6) 400よりも 10 小さい 数　390

3 □に あう 数を 書きましょう。

(1) 250　300　320

(2) 950　960　970　1000

4 □に あてはまる ＞や ＜を 書きましょう。

(1) 798 ＞ 789

(2) 401 ＞ 398

5 つぎの 数を 書きましょう。

(1) 250は，10を 何こ あつめた 数ですか。 25 こ

(2) 10を 53こ あつめた 数は 何ですか。 530

6 計算《けいさん》を しましょう。

(1) 80 + 40 = 120

(2) 300 + 500 = 800

(3) 150 − 80 = 70

(4) 900 − 300 = 600

P28

知識技能 A

100より大きい数　名前　月　日

1 70円の パンと 90円の ジュースを 買いました。あわせて 何円 ですか。

しき 70+90=160　答え 160円

2 おり紙《がみ》を 120まい もって います。妹に 30まい あげました。何まい のこって いますか。

しき 120−30=90　答え 90まい

3 ものがたりの 本は，130ページです。絵本は，60ページです。何ページ ちがいますか。

しき 130−60=70　答え 70ページ

4 580を いろいろな 見方で せつ明します。□に あてはまる 数を 書きましょう。

(1) 580は 500と 80 を あわせた 数です。

(2) 580は 550よりも 30 大きい 数です。

(3) 580は 600よりも 20 小さい 数です。

(4) 580は 10を 58 こ あつめた 数です。

5 □に あてはまる 数を 書きましょう。

(1) 312 ＞ 3□9　0

(2) 781 ＜ 7□0　9

P29

知識技能 B

100より大きい数

名前　　月　日

1 つぎの 数を 数字で 書きましょう。
(1) 213
(2) 455
(3) 110
(4) 300

2 □に あう 数を 書きましょう。
570　600　650
995　970　975　980　1000

3 □に あてはまる ＞や ＜を 書きましょう。
(1) 785 ＞ 759
(2) 401 ＜ 410

4 つぎの 数を 数字で 書きましょう。
(1) 七百十 710
(2) 二百三 203
(3) 百のくらいが 4，十のくらいが 8の 数 480
(4) 百のくらいが 6，一のくらいが 7の 数 607
(5) 百を 7こ，1を 5こ あわせた 数 705
(6) 百を 9こ，十を 6こ あわせた 数 960
(7) 800より 5 小さい 数 795
(8) 1000より 1 小さい 数 999
(9) 10を 52こ あつめた 数 520
(10) 10を 20こ あつめた 数 200

5 計算を しましょう。
(1) 60 + 80　140
(2) 300 + 400　700
(3) 400 + 600　1000
(4) 160 − 90　70
(5) 130 − 50　80
(6) 700 − 200　500
(7) 1000 − 800　200

29

P30

思考判断表現 B

100より大きい数

名前　　月　日

1 80円の プリンと 90円の ゼリーを 買いました。あわせて 何円ですか。
80円　90円
しき 80+90=170
答え 170円

2 ちょ金ばこに 600円 ありました。さいふに 200円 ありました。あわせて いくら ありますか。
しき 600+200=800
答え 800円

3 140円を もって おかしを 買いに 行きました。80円の クッキーは かならず 買います。もう 1つ 買えるのは どれと どれですか。理ゆうも せつ明しましょう。
80円　80円　50円　60円
グミ　ポテトチップス
(れい) 140円から クッキーの 80円を ひくと，60円に なる。60円で かえるのは，グミ と ポテトチップスだから。

4 下の 数を いろいろな 見方で せつ明します。□に あてはまる 数を 書きましょう。
(1) 370
370は 300と 70を あわせた 数です。
370は 400よりも 30 小さい 数です。
370は 10を 37こ あつめた 数です。
(2) 600
600は 500と 100を あわせた 数です。
600は 1000よりも 400 小さい 数です。
600は 10を 60こ あつめた 数です。

5 □に あてはまる 数を すべて 書きましょう。
(1) 375 ＜ 3□1　8　9
(2) 322 ＞ □72　2　1

30

P31

学習準備

水のかさ

名前　　月　日

1 どちらが 多いか くらべる ことが できる ものには ○を，くらべられない ものには ×を つけましょう。
(1) ×　太さの ちがう いれもの
(2) ○　同じ 大きさの びん
(3) ○　同じ 水そう
(4) ×　大きさの ちがう コップ

2 入って いる 水の かさの 多い ほうに ○を つけましょう。
(1) 同じ 大きさの 水そうを つかって　( )　○
(2) 同じ 大きさの コップに うつして　( )　○
(3) 同じ 大きさの コップに うつして　○　( )

31

P32

知識技能 A

水のかさ

名前　　月　日

1 図の 水の かさは どれだけですか。
(1) 3L
(2) 4dL

2 □に あてはまる 数を 書きましょう。
(1) 1L = 10 dL
(2) 1L = 1000 mL
(3) 1dL = 100 mL

3 図の 水の かさは 何L何dLですか。また，それは 何dLですか。
(1) 2 L 3 dL，23 dL
(2) 1 L 5 dL，15 dL
(3) 2 L 6 dL，26 dL

4 □に あてはまる かさの たんいを 書きましょう。
(1) ペットボトルに 入る 水　500 mL
(2) カップに 入る 水　2 dL
(3) やかんに 入る 水　3 L

5 水の かさの 計算を しましょう。
(1) 2L4dL + 5dL　2L9dL
(2) 4L7dL + 5L　9L7dL
(3) 3L8dL + 2dL　4L
(4) 5L9dL − 6dL　5L3dL
(5) 6L2dL − 3L　3L2dL
(6) 9L7dL − 7dL　9L

32

P33

知識技能 A

水のかさ

名前　　月　日

1 あの なべには 1Lますで 2はい 水を 入れました。いの なべには 1Lますで 3ばいと 1dLますで 5はい 水を 入れました。
1Lで 2はい　1Lで 3ばいと 1dLますで 5はい
(1) あの なべと いの なべには，それぞれ 水が どれだけ 入って いますか。
あの なべ 2L
いの なべ 3L5dL
(2) 2つの なべに 入って いる 水の かさの ちがいは どれだけですか。
しき 3L5dL−2L=1L5dL
答え 1L5dL
(3) 2つの なべの 水を あわせると 水の かさは どれだけに なりますか。
しき 3L5dL+2L=5L5dL
答え 5L5dL

3 水とうに おちゃが 1L7dL ありました。5dL のみました。のこって いる おちゃは，どれだけですか。
しき 1L7dL−5dL=1L2dL
答え 1L2dL

4 水そうに 5L4dL 水が 入って います。バケツで 水を 4L 入れました。水そうの 水は どれだけに なりますか。
しき 5L4dL+4L=9L4dL
答え 9L4dL

33

P34

知識技能 B

水のかさ

名前　　月　日

1 図の 水の かさは 何L何dLですか。また，それは 何dLですか。
(1) 1 L 2 dL，12 dL
(2) 3 L 1 dL，31 dL
(3) 2 L 8 dL，28 dL
(4) 3 L 4 dL，34 dL
(5) 1 L 6 dL，16 dL

2 □に あう 数を 書きましょう。
(1) 1L = 1000 mL
(2) 1dL = 100 mL
(3) 30dL = 3 L

3 □に あてはまる かさの たんいを 書きましょう。
(1) きゅうしょくの 牛にゅうパック 200 mL
(2) 大きな ペットボトルの お茶 2 L
(3) 水とうに 入る 水 5 dL
(4) かんジュース 350 mL

4 水の かさの 計算を しましょう。
(1) 3L6dL + 3dL　3L9dL
(2) 5L8dL + 4dL　6L2dL
(3) 4L2dL + 8dL　5L
(4) 2L6dL + 1L7dL　4L3dL
(5) 3L9dL − 4dL　3L5dL
(6) 6L2dL − 6L　2dL
(7) 3L5dL − 7dL　2L8dL
(8) 3L6dL − 1L2dL　2L4dL

34

P35

知識技能 B

水のかさ

名前　　月　日

1 あの バケツに，1Lますで 5はいと 1dLますで 7はい 水を 入れました。いの バケツには，1Lますで 6ぱいと，1dLますで 5はい 水を 入れました。
1Lで 5はいと 1dLますで 7はい　1Lで 6ぱいと 1dLますで 5はい
(1) あの バケツと いの バケツには，それぞれ 水が どれだけ 入って いますか。
あの バケツ 5L7dL
いの バケツ 6L5dL
(2) 2つの バケツに 入って いる 水の かさの ちがいは どれだけですか。
6L5dL−5L7dL=8dL
答え 8dL
(3) 2つの バケツの 水を あわせると 水の かさは どれだけに なりますか。
6L5dL+5L7dL=12L2dL
答え 12L2dL

2 牛にゅうが 1L ありました。3dL のみました。のこりは 何dLですか。また，それは 何mLですか。
1L−3dL=7dL
答え 7 dL，700 mL

3 水そうに 水が 3L7dL ありました。1dLますで 3ばい 水を 入れました。水は どれだけに なりましたか。3つの たんいで 答えましょう。
3L7dL+3dL=4L
答え 4 L，40 dL，4000 mL

4 1L5dLの コーヒーと 5dLの 牛にゅうを あわせて，ミルクコーヒーを 作ります。ミルクコーヒーは どれだけ できますか。3つの たんいで 答えましょう。
1L5dL+5dL=2L
答え 2 L，20 dL，2000 mL

5 サラダあぶら 300mLと す100mLを あわせて ドレッシングを 作ります。何mLの ドレッシングが できますか。また，それは 何dLですか。
300mL+100mL=400mL
答え 400 mL，4 dL

35

P36

学習準備

時間と時こく

名前　　月　日

1 何時何分ですか。
(1) 3時
(2) 4時30分
(3) 12時30分
(4) 10時10分
(5) 2時40分
(6) 4時50分

2 何時何分ですか。
(1) 8時5分
(2) 6時35分
(3) 11時45分
(4) 8時55分
(5) 1時3分
(6) 9時16分
(7) 2時28分
(8) 7時44分

36

P37

知識技能 A

時間と時こく

名前　　月　日

1 □に あてはまる 数を 書きましょう。
(1) 1時間 = 60 分
(2) 1日 = 24 時間

2 つぎの 時こくを 午前，午後を つかって 書きましょう。
(1) 朝，学校へ 行く 時こく　午前7時50分
(2) 2時間目が おわった 時こく　午前10時25分
(3) 学校から 帰る 時こく　午後3時15分
(4) 夜 ねる 時こく　午後9時10分

3 下の 時計を 見て つぎの 時こくを 書きましょう。
(1) 1時間前の 時こく　6時20分
(2) 30分(間)後の 時こく　7時50分
(3) 1時間後の 時こく　8時20分

4 つぎの 時間を 書きましょう。
(1) 9時10分から 9時25分 までの 時間　15分間
(2) 午前11時から 午後4時 までの 時間　5時間
8 9 10 11 12 0 1 2 3 4 5(時)
午前　午後

37

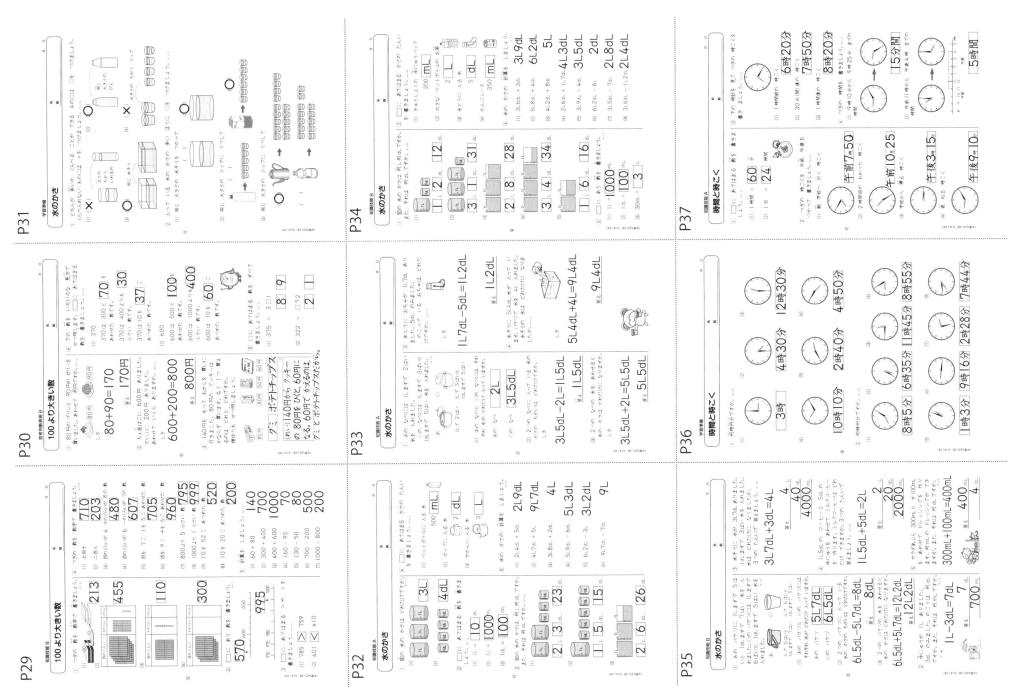

児童に実施させる前に，必ず指導される方が問題を解いてください。本書の解答は，あくまでも１つの例です。指導される方の作られた解答をもとに，本書の解答例を参考に児童の多様な考えに寄り添って○つけをお願いします。

P38

思考判断表現 A　月　日

時間と時こく　名前

1 れなさんは，午前８時に 家を出て，学校へ 行きます。

家を 出た 時こく

(1) 学校に 午前８時15分に つきました。学校まで，何分間 かかりますか。　15分間

(2) 午後３時に 家に 帰りました。学校へ 行って 帰るまで，何時間ですか。　7時間

2 けんとさんは 家を 出て，30分間 かかって ３時40分に えきに つきました。

えきに ついた 時こく

(1) 家を 出たのは，何時何分ですか。　3時10分

(2) えきに ついてから 15分後に 電車に のりました。電車に のったのは，何時何分ですか。　3時55分

3 かずきさんは えい画を 見に 行きました。はじまるまで，20分間 まちました。かずきさんは，何時何分から まっていましたか。

えい画が はじまった 時こく

1時30分

4 さらさんは，４時10分に しゅくだいを はじめて ４時55分に おわりました。さらさんは，何分間 しゅくだいを して いましたか。

しゅくだいを はじめた 時こく

45分間

38　(A3 141%・B4 122%拡大)

P39

知識技能 B　月　日

時間と時こく　名前

1 □に あてはまる 数を 書きましょう。

(1) １時間 ＝ 60 分

(2) １時間20分間 ＝ 80 分

(3) 100分間 ＝ 1 時間 40 分

(4) １日 ＝ 24 時間

(5) 午前と 午後は それぞれ 12 時間

2 つぎの 時こくを 午前，午後を つかって 書きましょう。

(1) 朝，おきた 時こく　午前6時50分

(2) ３時間目が はじまる 時こく　午前10時45分

(3) 学校を 出る 時こく　午後3時40分

(4) 夕ごはんを 食べる 時こく　午後6時40分

(5) 夜，ねる 時こく　午後9時10分

3 時計を 見て，つぎの 時こくを 書きましょう。

(1) １時間前の 時こく　7時15分
30分(間)後の 時こく　8時45分
１時間後の 時こく　9時15分

(2) 30分(間)前の 時こく　3時10分
１時間前の 時こく　2時40分
１時間後の 時こく　4時40分

4 つぎの 時間を 書きましょう。

(1) ６時10分から ６時25分までの 時間　15分間

(2) ３時30分から ３時50分までの 時間　20分間

(3) 午前８時から 午後１時までの 時間　5時間

(4) 午前10時から 午後５時までの 時間　7時間

39　(A3 141%・B4 122%拡大)

P40

思考判断表現 B　月　日

時間と時こく　名前

1 しゅんさんは，電車に のって となりの町へ 行き，えい画を 見て 帰りました。

(1) 午前８時に 家を 出て，８時20分に えきに つきました。えきまで 何分間 かかりましたか。

家を 出た 時こく　20分間

(2) 30分間 電車に のると，８時55分に となりの町に つきました。何時何分に 電車に のりましたか。

電車が ついた 時こく　8時25分

(3) えい画かんに ９時15分に ついて まって いると，えい画は ９時40分に はじまりました。えい画かんに ついて 何分間まちましたか。

えい画が はじまった 時こく　25分間

(4) えい画は，ちょうど １時間 ありました。えい画が おわったのは 何時何分ですか。　10時40分

(5) えい画を 見て 家に 帰ったのは 午後１時でした。家を 出て 何時間たって いますか。　5時間

2 りょうさんの 日曜日の すごし方です。

(1) りょうさんは，午前７時30分に おきて，１時間 たってから，朝ごはんを 食べました。何時何分に 朝ごはんを 食べましたか。

おきた 時こく　8時30分

(2) ９時15分に 本を 読みはじめ，９時50分まで 本を 読みました。何分間 本を 読みましたか。

本を 読みはじめた 時こく　35分間

(3) つぎに，30分間 お手つだいを して，10時40分に おわりました。何時何分から お手つだいを しましたか。

お手つだいが おわった 時こく　10時10分

(4) 午後１時から 午後４時まで，友だちと あそびました。何時間 あそびましたか。　3時間

(5) 夜，15分間 おふろに 入って，午後７時35分に おふろから 出ました。何時何分に おふろに 入りましたか。

おふろから 出た 時こく　7時20分

40　(A3 141%・B4 122%拡大)

P41

知識技能 A　月　日

計算のくふう　名前

1 たし算を しましょう。

(1) 32 + (8 + 2)　42

(2) 49 + (5 + 5)　59

(3) 57 + (6 + 4)　67

(4) 63 + (4 + 3)　70

(5) 82 + (5 + 3)　90

(6) 55 + (3 + 2)　60

(7) 39 + (12 + 8)　59

(8) 67 + (13 + 7)　87

(9) 139 + (28 + 2)　169

(10) 148 + (43 + 7)　198

2 たし算が しやすく なるように くふうします。先に 計算すると よい たし算を □に 書きましょう。

れい　9 + 5 + 5　5+5 を 先に する

(1) 7 + 13 + 7　13+7 を 先に する

(2) 28 + 36 + 4　36+4 を 先に する

(3) 45 + 27 + 5　45+5 を 先に する

(4) 18 + 69 + 2　18+2 を 先に する

3 □に あてはまる ＞，＜，＝を 書きましょう。

(1) 100 ＜ 50 + 70

(2) 100 ＞ 130 − 40

(3) 100 ＝ 150 − 50

(4) 100 ＞ 120 − 30

(5) 70 + 34 + 6 ＝ 70 + (34 + 6)

(6) 38 + 47 + 2 ＝ 38 + 2 + 47

41　(A3 141%・B4 122%拡大)

P42

思考判断表現 A　月　日

計算のくふう　名前

1 木に 鳥が 18羽 とまって います。そこへ ６羽 とんで 来ました。また，４羽 とんで 来ました。鳥は，何羽に なりましたか。

(1) はじめに いた 鳥に じゅんに たす 考え方で，１つの しきに 書いて 答えを もとめましょう。

しき　18+6+4=28　答え　28羽

(2) 後から 来た 鳥は，あわせて 何羽ですか。

しき　6+4=10　答え　10羽

(3) 後から 来た 鳥を まとめて たす 考え方で 答えを もとめます。( )の 中に (2)で 作った しきを 入れて，１つの しきに 書いて 答えを もとめましょう。

しき　18+(6+4)=28　答え　28羽

2 公園に 男の子が 14人 います。後から 男の子が ３人，女の子が ７人 やって 来ました。公園に いる 子どもは，何人に なりましたか。

(1) 公園に 来た じゅんに あわせる 考え方で，１つの しきに 書いて，答えを もとめましょう。

しき　14+3+7=24　答え　24人

(2) 後から 来た 子どもを まとめる 考え方で，( )を つかって １つの しきに 書いて，答えを もとめましょう。

しき　14+(3+7)=24　答え　24人

42　(A3 141%・B4 122%拡大)

P43

知識技能 B　月　日

計算のくふう　名前

1 おかしやで 30円の あめを 買いました。スーパーで 40円の きゅうりと 160円の キャベツを 買いました。いくらに なりますか。

(1) 買いものを した じゅんに たす 考え方で，１つの しきに 書き，答えを もとめましょう。

30+40+160=230　答え　230円

(2) スーパーで 買った 野さいの ねだんを まとめて たす 方ほうで 考えます。( )を つかって １つの しきに 書き，答えを もとめましょう。

30+(40+160)=230　答え　230円

2 えんぴつを 16本 もって いました。おかあさんから ７本 もらい，おばあさんから ３本 もらいました。えんぴつは 何本に なりましたか。もらった えんぴつの 本数を まとめて たす 方ほうで 考えます。( )を つかって，１つの しきに 書き，答えを もとめましょう。

しき　16+(7+3)=26　答え　26本

3 ちゅう車場に，車が 17台 止まって います。そこへ ６台 入って 来ました。その後，４台 入って 来ました。ちゅう車場に 止まって いる 車は，何台に なりましたか。

(1) はじめに 止まって いた 車の 数に，じゅんに たす 方ほうで 考えます。１つの しきに 書き，答えを もとめましょう。

17+6+4=27　答え　27台

(2) 後から 入って 来た 車の 数を まとめて たす 方ほうで 考えます。( )を つかって １つの しきに 書き，答えを もとめましょう。

17+(6+4)=27　答え　27台

4 チョウが 19ひき います。そこへ ５ひき とんで 来ました。その後に また ５ひき とんで きました。後から とんで 来た チョウの 数を，まとめて たす 方ほうで 考えます。( )を つかって １つの しきに 書き，答えを もとめましょう。

しき　19+(5+5)=29　答え　29ひき

43　(A3 141%・B4 122%拡大)

P44

学習準備　月　日

３けたの数のひっ算　名前

1 つぎの 計算を ひっ算で しましょう。

(1) 58 + 34　92

(2) 54 + 26　80

(3) 7 + 87　96

(4) 65 + 28　93

(5) 53 − 18　35

(6) 38 − 35　3

(7) 50 − 9　51

(8) 62 − 8　54

2 つぎの 数を 数字で 書きましょう。

(1) 132

(2) 120

(3) 106

3 □に あてはまる 数を 書きましょう。

98 − 99 − 100 − 101 − 102 − 103 − 104

85 − 90 − 95 − 100 − 105 − 110 − 115

70 − 80 − 90 − 100 − 110 − 120 − 130

4 あめが，45こ あります。18こ 食べました。あめは，何こ のこって いますか。

しき　45−18=27　答え　27こ

5 赤い 花が 26本，白い 花が 27本 さきました。ぜんぶで 何本 さきましたか。

しき　26+27=53　答え　53本

6 るみさんは 72ページ，じゅんさんは 56ページ 本を 読みました。２人が 読んだ ページの ちがいは，何ページですか。

しき　72−56=16　16ページ

44　(A3 141%・B4 122%拡大)

P45

知識技能 A　月　日

３けたの数のひっ算　名前

1 65 + 73の 計算を します。□に あてはまる 数を 書きましょう。

一のくらいの 計算　5 + 3 = 8

十のくらいの 計算
6 + 7 = 13
十のくらいに 3 を 書き，
百のくらいに 1 くり上げる。

65 + 73の 答えは 138です。

2 148 − 93の 計算を します。□に あてはまる 数を 書きましょう。

一のくらいの 計算　8 − 3 = 5

十のくらいの 計算
4 から 9 は，ひけないから
百のくらいから １ くり下げる。
14 − 9 = 5

148 − 93の 答えは 55です。

3 計算を しましょう。

(1) 53 + 74 = 127

(2) 68 + 97 = 165

(3) 139 − 43 = 96

(4) 152 − 64 = 88

4 ひっ算で 計算を しましょう。

(1) 87 + 67　154

(2) 76 + 58　134

(3) 42 + 68　110

(4) 7 + 98　105

(5) 135 − 87　48

(6) 112 − 59　53

(7) 102 − 64　38

(8) 105 − 8　97

45　(A3 141%・B4 122%拡大)

P46

思考判断表現 A　月　日

３けたの数のひっ算　名前

1 電車に 143人 のって いました。つぎの えきで 38人 おりました。電車に のって いる 人は，何人ですか。

しき　143 − 38=105　答え　105人

2 ２年生は，男子が 56人，女子が 54人です。あわせて 何人ですか。

しき　56 + 54=110　答え　110人

3 なわとびを しました。しょうごさんは，89回 とびました。みおさんは，106回 とびました。どちらが 何回 多く とびましたか。

しき　106 − 89=17　答え　みおさんの ほうが 17回 多く とんだ。

4 くだものを 買いに 行きました。

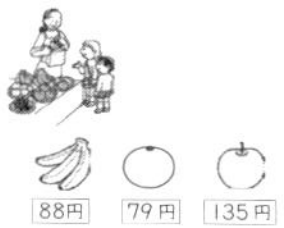

88円　79円　135円

(1) バナナ と みかんを 買うと，何円ですか。

しき　88 + 79=167　答え　167円

(2) リンゴは みかんよりも 何円 高いですか。

しき　135 − 79=56　答え　56円

46　(A3 141%・B4 122%拡大)

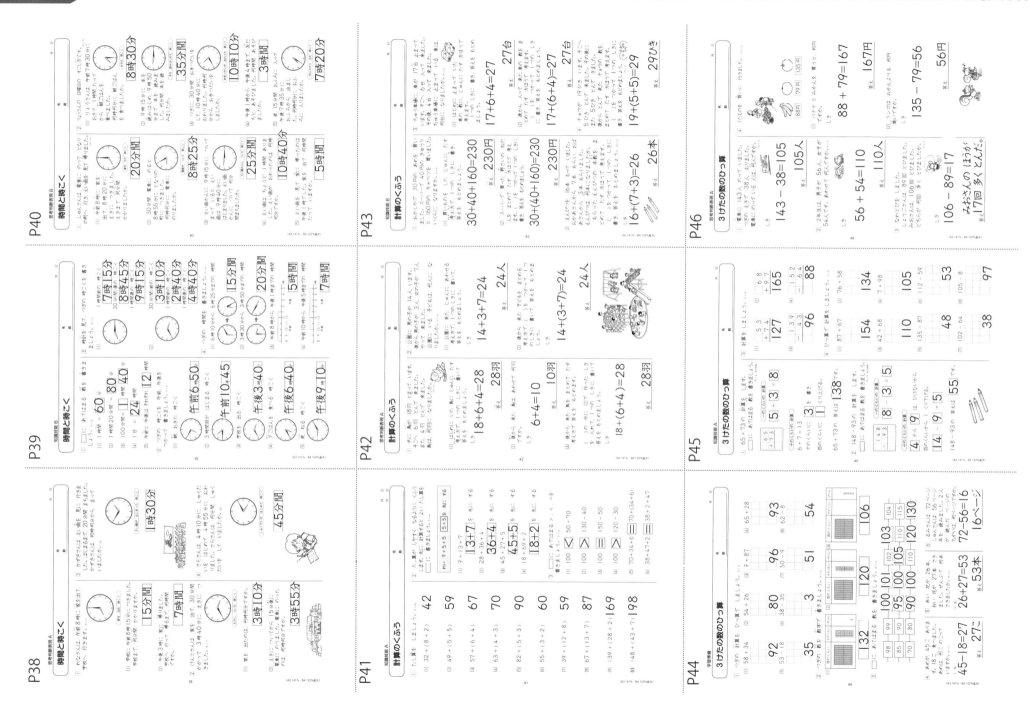

児童に実施させる前に，必ず指導される方が問題を解いてください。本書の解答は，あくまでも１つの例です。指導される方の作られた解答をもとに，本書の解答例を参考に児童の多様な考えに寄り添って○つけをお願いします。

P47

知識技能 B
3けたの数のひっ算
名前　月　日

1 78＋56の 計算を します。□に あてはまる 数を 書きましょう。
78＋56
一のくらいの 計算
8＋6＝14
一のくらいに 4 を 書き，十のくらいに 1 くり上げる。
十のくらいの 計算
1 くり上がっているので
7＋5＋1＝13
十のくらいに 3 を 書き，百のくらいに 1 くり上げる。
78＋56の 答えは 134 です。

2 153－87の 計算を します。□に あてはまる 数を 書きましょう。
153－87
一のくらいの 計算
3から 7は ひけないから 十のくらいから 1 くり下げる。
13 － 7 ＝ 6
十のくらいの 計算
4から 8は ひけないから 百のくらいから 1 くり下げる。
14 － 8 ＝ 6
153－87の 答えは 66 です。

3 計算を しましょう。
(1) 68＋44＝112　(2) 326＋67＝393
(3) 161－53＝108　(4) 102－78＝24
(5) 473－58＝415

4 ひっ算で 計算を しましょう。
(1) 86＋57　143　(2) 73＋47　120
(3) 46＋54　100　(4) 95＋8　103
(5) 638＋49　687　(6) 115－73　42
(7) 134－58　76　(8) 110－64　46
(9) 102－8　94　(10) 583－27　556

47
(A3 141%・B4 122%拡大)

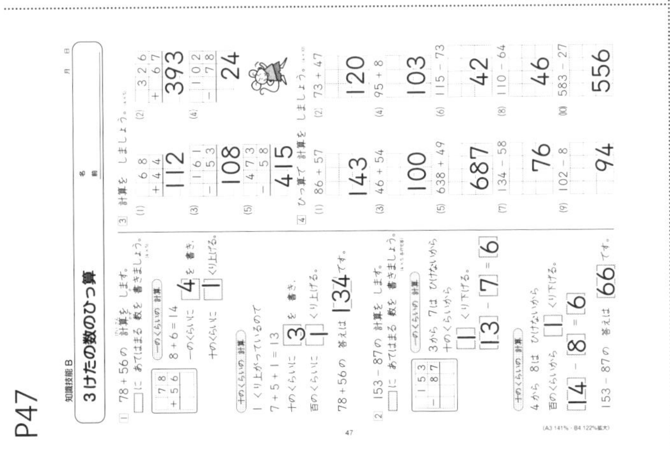

P48

思考判断表現 B
3けたの数のひっ算
名前　月　日

1 なわとびを きのうは 89回，今日は 96回 とびました。あわせて 何回 とびましたか。
しき 89+96=185
答え 185回

2 140ページの 本を 読んで います。あと 59ページに なりました 何ページまで 読みましたか。
しき 140−59=81
81ページ

3 2年生は，ぜんいんで 125人です。男の子は 68人です。女の子は 何人ですか。
しき 125−68=57
57人

4 答えが あって いる ものは ○を，まちがって いれば 正しい 答えを □に 書きましょう。
(1) 141－93＝48　○
(2) 98＋9＝117　107
(3) 162－86＝86　76
(4) 107－17＝90　○
(5) 89＋75＝154　164
(6) 92＋7＝109　99

5 野さいを 買いに 行きました。
ジャガイモ 48円　ナス 76円　ピーマン 56円　ニンジン 85円　カボチャ 274円
(1) ジャガイモと ナスを 買うと，何円ですか。
しき 48+76=124
答え 124円
(2) ナスと ピーマンを 買うと，何円ですか。
しき 76+56=132
答え 132円
(3) ジャガイモと ピーマンと ニンジンを 買うと，何円ですか。
48+56+85=189
答え 189円
(4) カボチャは，ジャガイモよりも 何円 高いですか。
しき 274−48=226
答え 226円

48
(A3 141%・B4 122%拡大)

P49

知識技能 A
三角形と四角形
名前　月　日

1 □に あてはまる ことばを 下の □から えらんで 書きましょう。
(1) 3本の 直線で かこまれた 形を 三角形 と いいます。
(2) 4本の 直線で かこまれた 形を 四角形 と いいます。
(3) ちょう点　へん
直角　へん　ちょう点　四角形　三角形

2 それぞれの 形を 2つずつ えらび，記ごうに ○を つけましょう。
(1) 長方形　ア　イ　ウ　エ（イ・ウに○）
(2) 正方形　カ　キ　ク　ケ（カ・クに○）
(3) 直角三角形　サ　シ　ス　セ（シ・スに○）

3 直角は，どれですか。記ごうを えらんで，□に 書きましょう。
い　お　き　く

4 下の 方がん紙に つぎの 形を かきましょう。
(1) 2つの へんの 長さが 3cmと 5cmの 長方形　(れい)
(2) 1つの へんの 長さが 3cmの 正方形　(れい)
(3) 直角と なる 2つの へんの 長さが 5cmと 2cmの 直角三角形　(れい)

49
(A3 141%・B4 122%拡大)

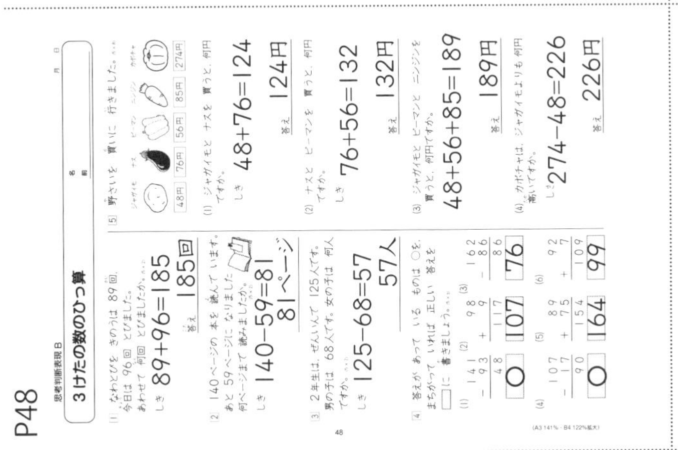

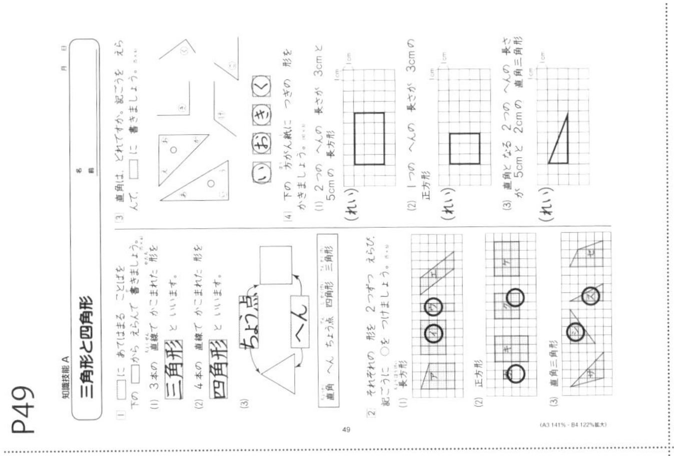

P50

思考判断表現 A
三角形と四角形
名前　月　日

1 下の 長方形や 三角形に 直線を 1本 ひいて，つぎの 形に 分けましょう。
(1) 2つの 三角形　(れい)
(2) 三角形と 四角形　(れい)

2 下の 方がん紙に つぎの 四角形を かきましょう。また，その四角形の まわりの 長さは 何cmですか。
(1) 2つの へんの 長さが 3cmと 5cmの 長方形　(れい)
まわりの 長さ 16 cm
(2) 1つの へんの 長さが 3cmの 正方形　(れい)
まわりの 長さ 12 cm

3 下の あ～えの 図を 見て 三角形には ○，三角形では ない ものには ×を ひょうに 書きましょう。また，×の ばあいは，その 理ゆうを 下の ア～エから えらんで，記ごうを 書きましょう。

	○か ×か	×の りゆう
あ	×	エ
い	○	
う	×	ア
え	×	イ

(理ゆう)
ア へんが とちゅうで 切れて いる。
イ ちょう点が まるく なって いる。
ウ へんが 3本では ない。
エ 直線では ない へんが ある。

50
(A3 141%・B4 122%拡大)

P51

知識技能 B
三角形と四角形
名前　月　日

1 □に あてはまる ことばを 書きましょう。
(1) 3本の 直線で かこまれた 形を 三角形 と いいます。
(2) 4本の 直線で かこまれた 形を 四角形 と いいます。
(3) ちょう点　へん
(4) 下の 図の ように 紙を おって できた 形を 直角 と いいます。
ここ

2 下の 図から 長方形・正方形・直角三角形を えらび，記ごうを 書きましょう。
(1) 長方形　(エ)(コ)(シ)
(2) 正方形　(イ)(カ)(キ)
(3) 直角三角形　(ウ)(ク)(ス)

3 直角は，どれですか。記ごうを えらんで，□に 書きましょう。
う　か　く

4 下の 方がん紙に つぎの 形を かきましょう。
(1) 2つの へんの 長さが 4cmと 7cmの 長方形　(れい)
(2) 1つの へんの 長さが 4cmの 正方形
(3) 1つの へんの 長さが 2cmの 正方形
※(2)と (3)は 同じ 方がん紙に かきましょう。
(れい)
(4) 直角と なる 2つの へんの 長さが 8cmと 3cmの 直角三角形　(れい)

51
(A3 141%・B4 122%拡大)

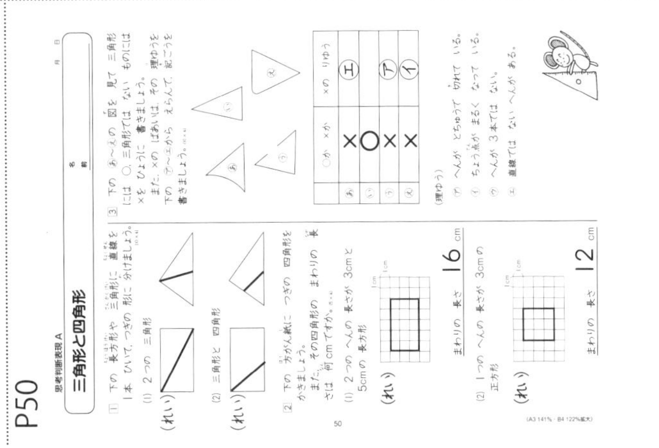

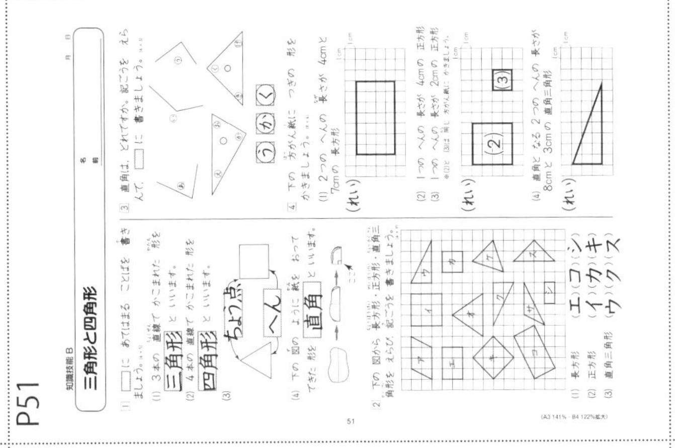

P52

思考判断表現 B
三角形と四角形
名前　月　日

1 下の 四角形（長方形）や 三角形に 直線を 1本 ひいて，つぎの 形に 分けましょう。
(1) 2つの 三角形　(れい)
(2) 三角形と 四角形　(れい)
(3) 2つの 直角三角形　(れい)

2 下の 方がん紙に つぎの 四角形を かきましょう。また，その四角形の まわりの 長さは 何cmですか。
(1) 2つの へんの 長さが 4cmと 6cmの 長方形
まわりの 長さ 20 cm
(2) 1つの へんの 長さが 4cmの 正方形
まわりの 長さ 16 cm

3 下の 文の 中で 長方形と 正方形の りょうほうに あてはまる ものを 2つ えらんで，○を つけましょう。
（　）3本の 直線で かこまれて いる。
（○）むかいあった へんの 長さが 同じ。
（　）4本の へんの 長さが 同じ。
（○）4つの かどの 形が 直角に なって いる。

4 下の あ～くの 図を 見て 四角形には ○，四角形では ない ものには ×を ひょうに 書きましょう。また，×の ばあいは，その 理ゆうを 下の ア～オから えらんで，記ごうを 書きましょう。

	○か ×か	×の りゆう
あ	○	
い	×	オ
う	○	
え	○	
お	×	ア
か	○	
き	○	
く	×	ウ

(理ゆう)
ア へんが とちゅうで 切れて いる。
イ ちょう点が 4つでは ない。
ウ ちょう点が 丸く なって いる。
エ へんが 4本では ない。
オ 直線では ない へんが ある。

52
(A3 141%・B4 122%拡大)

P53

学習準備
かけ算（1）
名前　月　日

1 同じ 数ずつ ある ものには ○を，同じ 数ずつでは ない ものには ×を つけましょう。
(1) あめの 数（○）
(2) たこやきの 数（○）
(3) 金魚の 数（×）
(4) 花の 数（○）
(5) えんぴつの 数（○）
(6) りんごの 数（×）
(7) トンボの はねの 数（○）
(8) 子どもの 数（○）

2 次の □に あてはまる 数を 書きましょう。
(1) 2→4→6→ 8 → 10 → 12 → 14 → 16 → 18 → 20
(2) 5→10→ 15 → 20 → 25 → 30 → 35 → 40 → 45 → 50

53
(A3 141%・B4 122%拡大)

P54

知識技能 A
かけ算（1）
名前　月　日

1 絵を 見て □に あてはまる 数を 書きましょう
(1) みかんは 1つの おさらに 3 こずつ
おさら 4 つ分で，ぜんぶで 12 こ あります。
これを しきに 書くと
3 × 4 ＝ 12
(2) タイヤの 数は 4こ
タイヤは 車 1台あたり 4 こずつ
車 5 台分では，ぜんぶで 20 こ あります。
これを しきに 書くと
4 × 5 ＝ 20

2 (1)～(3)に あう しきを 下の ア～オ から えらんで 記ごうを 書きましょう。
(1) チューリップの 数　エ
(2) とんぼの はねの 数　ウ
(3) ケーキの 数　イ
ア 3×4　イ 2×4　ウ 4×5
エ 5×3　オ 4×3

3 計算を しましょう。
(1) 3×2　6
(2) 4×4　16
(3) 3×5　15
(4) 2×7　14
(5) 5×9　45
(6) 5×5　25
(7) 3×9　27
(8) 2×8　16
(9) 4×9　36
(10) 4×7　28
(11) 5×3　15
(12) 4×2　8
(13) 3×7　21

54
(A3 141%・B4 122%拡大)

P55

思考判断表現 A
かけ算（1）
名前　月　日

1 1パックに，プリンが 3こずつ 入って います。5パックでは，プリンは 何こに なりますか。
しき 3×5=15
答え 15こ

2 ボート1そうに，4人ずつ のれます。ボートが 6そう あれば，何人 のる ことが できますか。
しき 4×6=24
答え 24人

3 1さらに りんごが 2こずつ あります。その おさらが 8まい分では，りんごは ぜんぶで 何こに なりますか。
しき 2×8=16
答え 16こ

3 1こ 5円の あめを 7こ 買います。ぜんぶで 何円に なりますか。
しき 5×7=35
答え 35円

5 3×4，4×3に なる 絵と せつ明文を 線で つなぎましょう。
4×3　3×4
1さらに みかんが 3こずつ，それが 4さら分 あるから。
1さらに みかんが 4こずつ，それが 3さら分 あるから。

55
(A3 141%・B4 122%拡大)

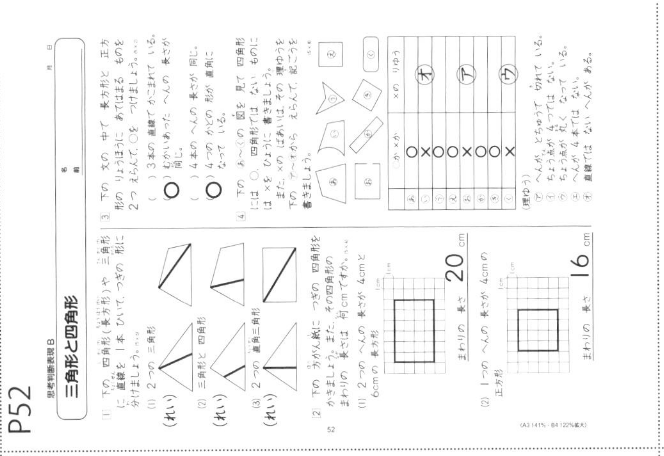

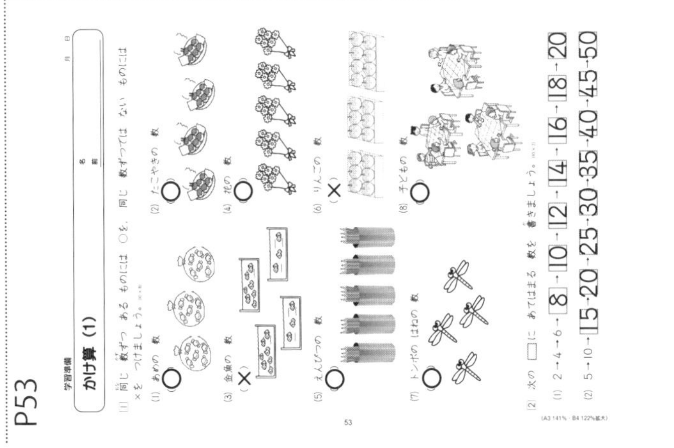

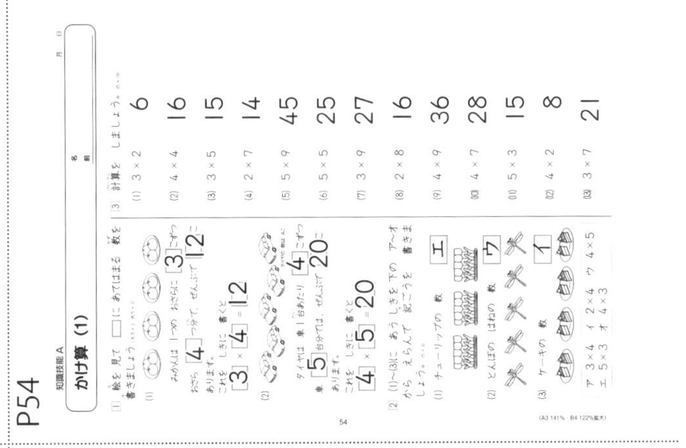

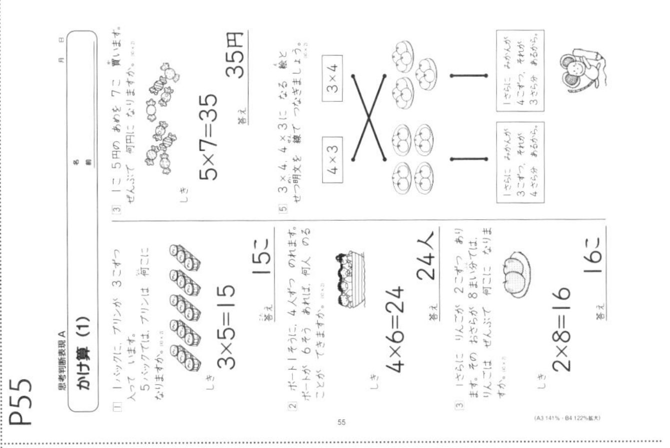

解答

児童に実施させる前に，必ず指導される方が問題を解いてください。本書の解答は，あくまでも１つの例です。指導される方の作られた解答をもとに，本書の解答例を参考に児童の多様な考えに寄り添って○つけをお願いします。

P56

知識技能 B

かけ算（1）　名前　月　日

1 絵を 見て □に あてはまる 数を 書きましょう。

(1) いちごは 1さらに [5]こずつ，[3]さら分で，ぜんぶで [15]こ あります。
これを しきに 書くと [5]×[3]=[15]

(2) 三りん車の タイヤは 車1台あたり [3]こずつ，三りん車 [4]台分では，ぜんぶで [12]こあります。
これを しきに 書くと [3]×[4]=[12]

(3) パンは 1ふくろあたり [4]こずつ，パン [5]ふくろ分では，ぜんぶで [20]こ あります。
これを しきに 書くと [4]×[5]=[20]

2 (1)〜(5)に あう しきを 下の ア〜カ から えらんで 記ごうを 書きましょう。

(1) みかんの 数 [エ]
(2) バナナの 数 [カ]
(3) うさぎの 耳の 数 [イ]
(4) くりの 数 [ア]
(5) クッキーの 数 [オ]

ア 3×4　イ 2×6　ウ 4×5
エ 5×4　オ 4×3　カ 3×5

3 計算を しましょう。

(1) 2×4 8　(2) 4×3 12　(3) 3×8 24　(4) 3×6 18
(5) 3×7 21　(6) 5×8 40　(7) 5×4 20　(8) 3×1 3
(9) 4×6 24　(10) 2×9 18　(11) 4×9 36　(12) 2×6 12
(13) 2×3 6　(14) 4×4 16

(A3 141%・B4 122%拡大)

P57

思考判断表現 B

かけ算（1）　名前　月　日

1 1はこに，チョコレートが 5こずつ 入って います。7はこでは，チョコレートは 何こに なりますか。
しき 5×7=35　答え 35こ

2 ゴーカートが 8台 あります。ゴーカート 1台に，3人ずつ のると 何人 のることが できますか。
しき 3×8=24　答え 24人

3 あつさ 4cmの 本を 5さつ つみ上げると，何cmの 高さに なりますか。
しき 4×5=20　答え 20cm

4 1はこに ケーキが 2こずつ 入って います。9はこでは，ケーキは 何こに なりますか。
しき 2×9=18　答え 18こ

5 おり紙を 8まい 買います。1まい 5円の 紙を 買うと，ぜんぶで 何円に なりますか。
しき 5×8=40　答え 40円

6 うんどう会で，4人が 1グループに なって ダンスを します。7グループ できました。ぜんいんで 何人 いますか。
しき 4×7=28　答え 28人

7 1日に 3ページずつ 本を 読みます。1週間（7日間）では 何ページ 読む ことが できますか。
しき 3×7=21　答え 21ページ

8 牛にゅうが 6dL 入って いる びんが，4本 あります。ぜんぶで 何dLに なりますか。
しき 6×4=24　答え 24dL

9 下の (1)〜(3)の 絵の 中から 2×3の しきに なる ものを えらんで，ばんごうに ○を つけましょう。
また，○を つけた 絵を 使って，かけ算の もんだい文を 書きましょう。

(1)〔○〕　(2)

（れい）1さらに バナナが 2本ずつ あります。おさらが 3まいでは バナナは 何本ありますか。

P58

知識技能 A

かけ算（2）　名前　月　日

1 絵を 見て □に あてはまる 数を 書きましょう。

(1) 花たばに チューリップが [6]本ずつ，花たば [4]たばで チューリップは ぜんぶで [24]本 あります。
これを しきに 書くと [6]×[4]=[24]

(2) 1はこに りんごが [9]こずつ，[5]はこ分では，ぜんぶで りんごは [45]こあります。
これを しきに 書くと [9]×[5]=[45]

2 (1)〜(4)に あう しきを 下の ア〜カ から えらんで，記ごうを 書きましょう。

(1) たこの 足 [オ]
(2) テープの 長さ [カ]
(3) 花の 数 [イ]
(4) いちごの 数 [ウ]

ア 7×5　イ 7×6　ウ 6×4
エ 8×4　オ 8×6　カ 7×4

3 計算を しましょう。

(1) 6×7 42　(2) 9×6 54　(3) 8×5 40　(4) 7×7 49
(5) 9×9 81　(6) 6×3 18　(7) 9×2 18　(8) 8×4 32
(9) 7×4 28　(10) 8×8 64　(11) 8×6 48　(12) 6×7 42

P59

思考判断表現 A

かけ算（2）　名前　月　日

1 1はこに，チーズが 6こずつ 入って います。5はこでは，チーズは ぜんぶで 何こに なりますか。
しき 6×5=30　答え 30こ

2 1本が 8cmの テープを 9本 作ります。何cmの テープが あれば，いいですか。
しき 8×9=72　答え 72cm

3 じゅんなさんの クラスでは，4チームに 分かれて，リレーをします。1チームは 7人です。じゅんなさんの クラスの 人数は，何人ですか。
しき 7×4=28　答え 28人

4 りょうたさんは，9日間，1日あたり 7もんずつ もんだいを ときました。りょうたさんは，ぜんぶで 何もん ときましたか。
しき 7×9=63　答え 63もん

5 あめは ぜんぶで 何こ ありますか。かけ算も つかって もとめましょう。
しき（れい）
4×6=24
2×3=6
24+6=30
答え 30こ

P60

知識技能 B

かけ算（2）　名前　月　日

1 絵を 見て □に あてはまる 数を 書きましょう。

(1) ももが [9]こずつ，はこに 入って います。それが [6]はこ分で，ももは ぜんぶで [54]こ あります。
しきに 書くと [9]×[6]=[54]

(2) 1さらに ケーキが [1]こずつ，[4]さら分では，ケーキは ぜんぶで [4]こ あります。
これを しきに 書くと [1]×[4]=[4]

2 □に あてはまる 数を 書きましょう。

(1) 7のだんの 九九の 答えは，[7]ずつ ふえて いきます。
(2) 9×6の 答えは，9×5の 答えに [9]を たした 数です。

3 (1)〜(5)に あう しきを 下の ア〜カ から えらんで 記ごうを 書きましょう。

(1) ドーナツの 数 [オ]
(2) テープの 長さ [エ]
(3) クワガタの 足の 数 [カ]（1ぴきの 足は 6本）
(4) たこやきの 数 [ウ]
(5) くりの 数 [ア]

ア 7×6　イ 6×6　ウ 6×5
エ 8×6　オ 8×4　カ 6×7

4 計算を しましょう。

(1) 9×3 27　(2) 6×6 36　(3) 1×5 5　(4) 8×9 72
(5) 9×4 36　(6) 6×9 54　(7) 8×3 24　(8) 7×8 56
(9) 9×5 45　(10) 8×2 16　(11) 9×7 63　(12) 1×9 9
(13) 7×3 21　(14) 7×5 35

P61

思考判断表現 B

かけ算（2）　名前　月　日

1 1はこに，えんぴつが 8本ずつ 入って います。4はこでは，えんぴつは 何本に なりますか。
しき 8×4=32　答え 32本

2 1れつに 7人ずつ ならんで います。6れつでは，ぜんいんで 何人に なりますか。
しき 7×6=42　答え 42人

3 1こ 9円の あめを 8こ 買います。ぜんぶで 何円に なりますか。
しき 9×8=72　答え 72円

4 たくみさんは，1週間，毎日 9ページずつ 本を 読みました。たくみさんは，本を 何ページ 読みましたか。
しき 9×7=63　答え 63ページ

5 あめは，何こ ありますか。かけ算の しきも つかって もとめましょう。
（れい）
しき 8×2=16
5×3=15
16+15=31
答え 31こ

6 ぜんいんで 6人ずつの グループを 作ると，8グループ できて，3人 あまって しまいます。ぜんいんで 何人 いますか。
しき 6×8=48
48+3=51
答え 51人

7 9円の あめを 4こ買って，50円を はらいました。おつりは，何円に なりますか。
しき 9×4=36
50−36=14
答え 14円

8 下の絵を 見て，かけ算の もんだい文を 書きましょう。
（れい）かごに ミカンが 7こ あります。この かごが 3こで，ミカンは 何こに なりますか。

P62

知識技能 A

かけ算（3）　名前　月　日

1 九九の ひょうの ㋐〜㋔に あてはまる 数を 書きましょう。

	かける数 1	2	3	4	5	6	7	8	9
かけられる数 1	1	2	3	4	5	6	7	8	9
2	2	4	6	8	10	㋐	14	16	18
3	3	6	9	12	15	18	21	24	27
4	4	8	12	16	㋑	24	28	32	36
5	5	10	15	20	25	30	35	40	45
6	6	12	18	24	30	㋒	42	48	54
7	7	14	21	28	35	42	49	56	63
8	8	16	24	㋓	40	48	56	64	72
9	9	18	27	36	45	54	63	㋔	81

㋐ 12　㋑ 20　㋒ 36　㋓ 32　㋔ 72

2 つぎの 数が 答えに なる かけ算九九を すべて 書きましょう。

(1) 6　2×3　3×2　6×1　1×6
(2) 12　2×6　6×2　3×4　4×3
(3) 16　2×8　8×2　4×4
(4) 24　3×8　8×3　4×6　6×4
(5) 48　6×8　8×6

3 □に あてはまる 数や ことばを 書きましょう。

(1) 4×6=[6]×4
(2) 3×8=[8]×3
(3) 7×5=5×[7]
(4) 8×7=7×[8]
(5) かけ算では，かけられる数と [かける] 数を 入れかえて 計算しても 答えは 同じです。
(6) 4のだんでは，かける数が 1 ふえると，答えは [4] ふえます。
(7) 7のだんでは，かける数が 1 ふえると，答えは [7] ふえます。
(8) 5×3の 答えは，5×2の 答えよりも [5] 大きいです。
(9) 8×7の 答えは，8×6の 答えよりも [8] 大きいです。
(10) 5×6の 答えは，5×7の 答えよりも [5] 小さいです。

P63

思考判断表現 A

かけ算（3）　名前　月　日

1 下の ひょうは 九九ひょうの 一ぶです。㋐〜㋔に あてはまる 数を □に 書きましょう。

(1)

12	16	20
15	20	㋐
18	24	30

[25]

(2)

12	18	24
14	21	28
16	㋑	32

[24]

(3)

14	16	18
21	㋒	27

[24]

(4)

㋓	28	32
30	35	40

[24]

(5)

42	㋔	56
48	56	64

[49]

2 2のだんの 九九，3のだんの 九九と 5のだんの 九九に ついて 調べましょう。

(1) 2のだんの 九九を 書きましょう。

2×1	2×2	2×3	2×4	2×5	2×6	2×7	2×8	2×9
2	4	6	8	10	12	14	16	18

(2) 3のだんの 九九を 書きましょう。

3×1	3×2	3×3	3×4	3×5	3×6	3×7	3×8	3×9
3	6	9	12	15	18	21	24	27

(3) 5のだんの 九九を 書きましょう。

5×1	5×2	5×3	5×4	5×5	5×6	5×7	5×8	5×9
5	10	15	20	25	30	35	40	45

(4) 2と 3と 5のだんの 九九を たてに 見ると，どのように なって いますか。□に あてはまる 数を 書きましょう。
[2]のだんの 答えと [3]のだんの 答えを あわせると，5のだんの 答えに なります。

3 下の ■の 数を 2つの 考え方で もとめます。□に あてはまる 数を 書きましょう。

(1) 右の 図の ように たての 12を 4と 8に 分けて かけ算を します。
[4]×4=[16]
[8]×4=[32]
2つの 答えを あわせます。
[16]+[32]=[48]

(2) 12×4=4×[12]
4のだんは，[4]ずつ ふえます。
4×9=36
4×10=40
4×11=44
4×12=[48]
（+4）

P64

知識技能 B

かけ算（3）　名前　月　日

1 九九ひょうの ㋐〜㋕に あてはまる 数を 書きましょう。

	かける数 1	2	3	4	5	6	7	8	9
かけられる数 1	1	2	3	4	5	6	7	8	9
2	2	4	6	8	10	12	14	㋐	18
3	3	6	9	12	15	18	21	24	27
4	4	8	12	16	20	24	28	32	36
5	5	10	15	㋑	25	30	35	40	45
6	6	12	18	24	30	36	42	48	㋒
7	7	14	21	28	35	42	㋓	56	63
8	8	16	24	㋔	40	48	56	64	72
9	9	18	27	36	45	54	63	㋕	81

㋐ 16　㋑ 20　㋒ 54　㋓ 49　㋔ 32　㋕ 72

2 つぎの 数が 答えに なる かけ算九九を すべて 書きましょう。

(1) 9　9×1　1×9　3×3
(2) 12　2×6　6×2　3×4　4×3
(3) 18　2×9　9×2　3×6　6×3
(4) 24　3×8　8×3　4×6　6×4
(5) 36　4×9　9×4　6×6

2 □に あてはまる 数や ことばを 書きましょう。

(1) 3×9=[9]×3
(2) 7×[4]=4×7
(3) 8×5=[5]×8
(4) [7]×6=6×7
(5) 9×1=[1]×9
(6) かけ算では，[かけられる]数と [かける]数を 入れかえて 計算しても 答えは 同じです。
(7) 3のだんでは，かける数が 1 ふえると，答えは [3] ふえます。
(8) 7のだんでは，かける数が 1 ふえると，答えは [7] ふえます。
(9) 5のだんでは，かける数が 1 ふえると，答えは 5 [ふえ]ます。
(10) 5のだんでは，かける数が 1 へると，答えは 5 [へり]ます。
(11) 4×8の 答えは，4×7の 答えよりも [4] 大きいです。
(12) 3×5の 答えは，3×6の 答えよりも [3] 小さいです。
(13) 3×7の 答えは，3×6の 答えよりも 3 [大きい]です。
(14) 7×4の 答えは，7×5の 答えよりも 7 [小さい]です。

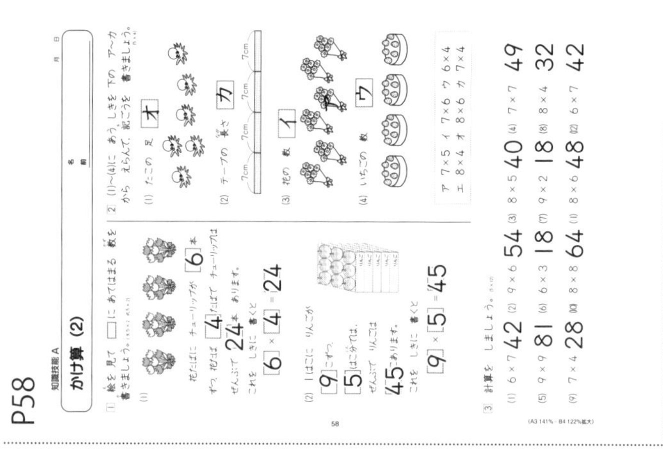

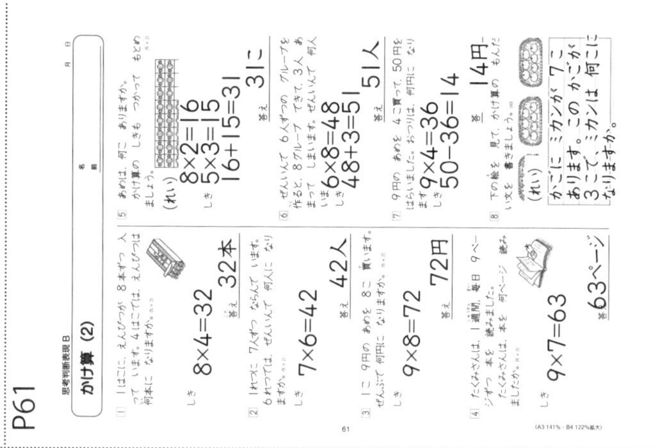

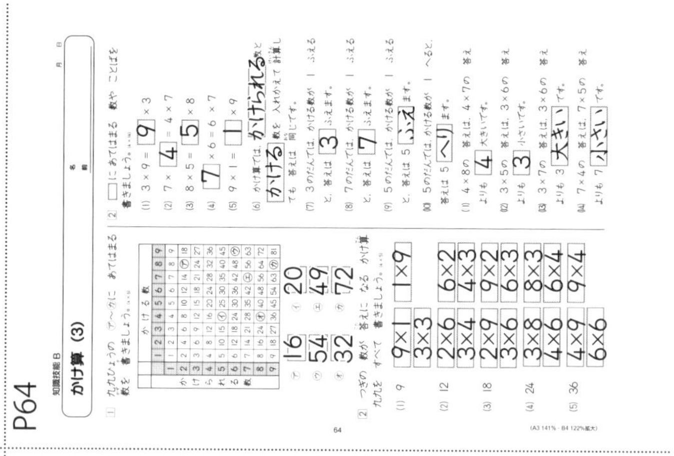

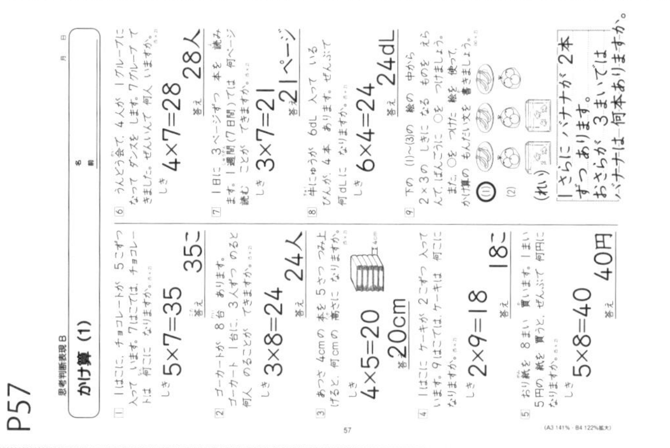

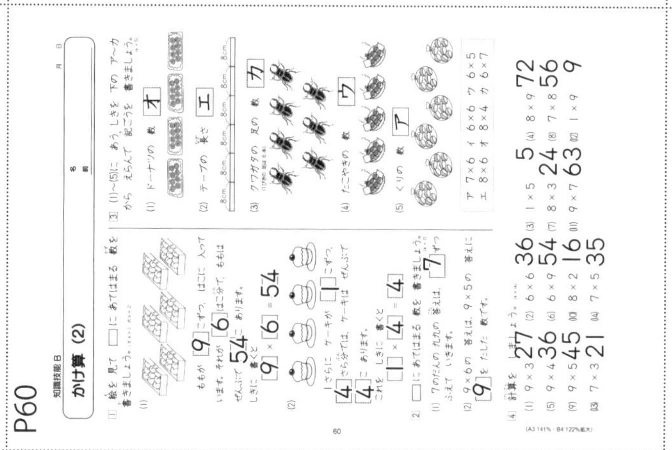

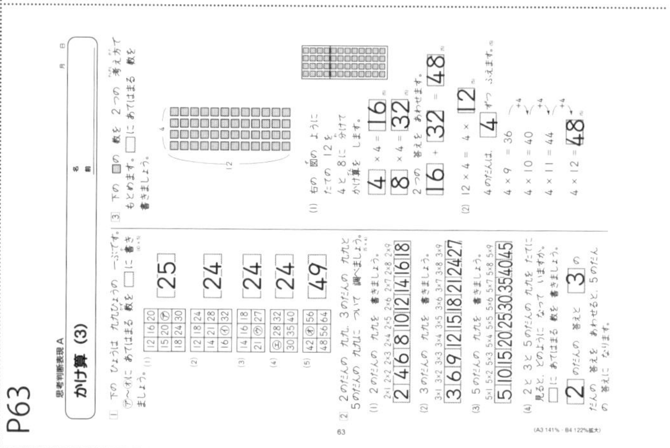

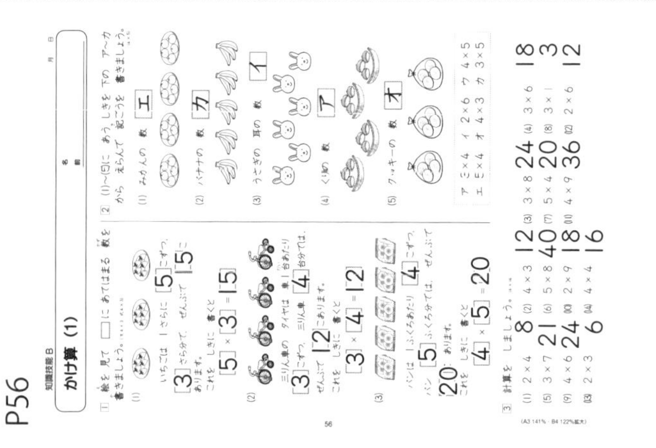

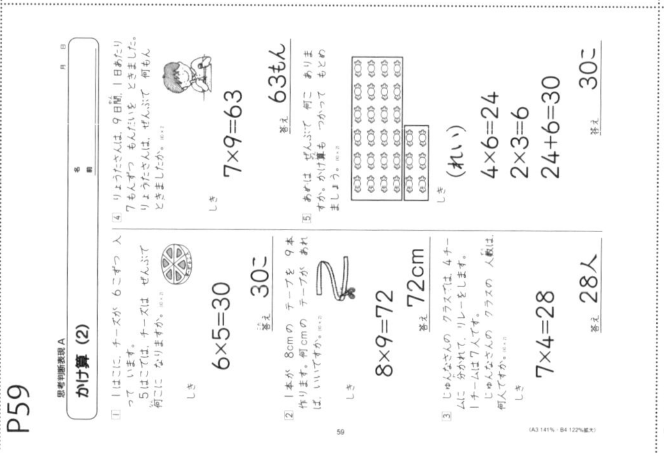

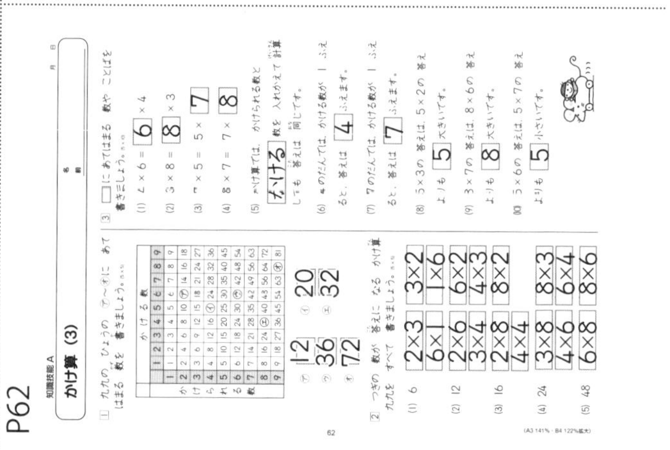

児童に実施させる前に，必ず指導される方が問題を解いてください。本書の解答は，あくまでも１つの例です。指導される方の作られた解答をもとに，本書の解答例を参考に児童の多様な考えに寄り添って○つけをお願いします。

P65

思考判断表現 B

かけ算 (3)

1 下の ひょうは 九九ひょうの 一ぶです。㋐〜㋙に あてはまる 数を □に 書きましょう。
(1) 25 (2) 18 (3) 6 (4) 21 (5) 28 (6) 30 (7) 42 (8) 63

2 九九ひょうで 2つの だんを 見て，しらべましょう。
(1) 2のだんの 答えを 書きましょう。 2 4 6 8 10 12 14 16 18
(2) 5のだんの 答えを 書きましょう。 5 10 15 20 25 30 35 40 45
(3) 2のだんの 答えと 5のだんの 答えを たてに たした 数を 書きましょう。 7 14 21 28 35 42 49 56 63
(4) 2のだんの 答えと 5のだんの 答えを たてに たすと，何のだんの 答えに なっていますか。 7 のだんの 九九
(5) 2のだんの 答えと 4のだんの 答えを たてに たすと，何のだんの 九九に なりますか。 6 のだんの 九九
(6) 3のだんの 答えと 何のだんの 答えを たてに たすと 8のだんの 答えになりますか。 5 のだんの 九九

2 下の ■の 数を いろいろな 考え方で もとめます。(1)〜(3)の 考え方に あてはまる しきを 書いて，■が 何こ あるか もとめましょう。
(1) 15を 8と 7に 分けて かけ算を して，それを あわせる。
4×8=32 4×7=28
32+28=60
答え 60こ
(2) 15を 10と 5に 分けると，10が 4つで 40。のこりを かけ算で
5×4=20
40+20=60
答え 60こ
(3) 15が 4れつ あるから，かけ算では なく，15を 4回 たす。
15+15+15+15=60
答え 60こ

P66

学習準備

1000 より大きい数

1 つぎの ブロックが あらわす 数を 数字で 書きましょう。
(1) 342 (2) 570 (3) 608 (4) 700

2 □に あてはまる 数を 書きましょう。
(1) 437は，100を 4 こ，10を 3 こ，1を 7 こ あわせた 数です。
(2) 100を 8こ，1を 9こ あわせた 数は 809です。

3 □に あてはまる 数を 書きましょう。
500 − 600 − 700 − 800 − 900 − 1000
995 − 996 − 997 − 998 − 999 − 1000

4 □に ＞か，＜を 書きましょう。
(1) 450 ＞ 405 (2) 869 ＜ 872

P67

知識技能 A

1000 より大きい数

1 つぎの 数を 数字で 書きましょう。
(1) 1000を 8こ，100を 7こ，10を 5こ，1を 3こ あわせた 数 8753
(2) 1000を 4こ，100を 2こ あわせた 数 4200
(3) 1000を 3こ，10を 9こ あわせた 数 3090
(4) 1000を 6こ，1を 5こ あわせた 数 6005

2 つぎの 数を 数字で 書きましょう。
(1) 七千三百六十九 7369
(2) 六千八 6008
(3) 五千四十 5040
(4) 千十七 1017

3 □に あてはまる 数を 書きましょう。
(1) 4970 − 4980 − 4990 − 5000 − 5010 − 5020
(2) 9995 − 9996 − 9997 − 9998 − 9999 − 10000

4 □に あてはまる 数を 書きましょう。
(1) 3000 (2) 7700

5 □に ＞か，＜を 書きましょう。
(1) 4000 ＞ 3999
(2) 5299 ＜ 5301
(3) 7249 ＜ 7251
(4) 9997 ＜ 10000

6 つぎの 数を 書きましょう。
(1) 100を 14こ あつめた 数 1400
(2) 100を 75こ あつめた 数 7500
(3) 1000を 10こ あつめた 数 10000
(4) 10000より 1000 小さい 数 9000

P68

思考判断表現 A

1000 より大きい数

1 かずきさんは ちょ金ばこを あけて，何円 あるかを しらべました。かずきさんの ちょ金の 金がくを もとめましょう。
1000円さつ 2まい　100円玉 34まい　10円玉 52まい
(解答例)
(1) 千円さつだけでは，何円 ありますか。 2000円
(2) 100円玉だけでは，何円 ありますか。 3400円
(3) 10円玉だけでは，何円 ありますか。 520円
(4) かずきさんの ちょ金ばこに 入っていた お金は ぜんぶで 何円ですか。 5920円

2 ■でかくれた 数は，どんな 数ですか。あてはまる 数を すべて 書きましょう。
(1) 98■9 ＜ 9828 0 1
(2) 6■54 ＞ 6824 8 9

4 つぎの 数に ついて せつ明して います。□に あてはまる 数を 書きましょう。
(1) 4600
4000 と 600を あわせた 数です。
5000 よりも 400 小さい 数です。
100を 46 こ あつめた 数です。
10を 460 こ あつめた 数です。
(2) 9800
9000と 800 を あわせた 数です。
10000 よりも 200 小さい 数です。
100を 98 こ あつめた 数です。
10を 980 こ あつめた 数です。

P69

知識技能 B

1000 より大きい数

1 つぎの 数を 数字で 書きましょう。
(1) 二千百三十七 2137
(2) 六千三百 6300
(3) 千五十四 1054
(4) 八千十 8010
(5) 千百 1100
(6) 1000を 7こ，100を 2こ，10を 1こ あわせた 数 7210
(7) 1000を 2こ，100を 2こ，1を 7こ あわせた 数 2207
(8) 1000を 9こ，1を 9こ あわせた 数 9009
(9) 1000を 10こ あつめた 数 10000

3 □に あてはまる 数を 書きましょう。
(1) 9995 − 9996 − 9997 − 9998 − 9999 − 10000
(2) 4985 − 4990 − 4995 − 5000 − 5005 − 5010
(3) 7890 − 7900 − 7910 − 7920 − 7930 − 7940

4 □に あてはまる 数を 書きましょう。
(1) 6000 (2) 7990 (3) 10000 (4) 9999

5 □に あう ＞か，＜を 書きましょう。
(1) 7510 ＞ 7509
(2) 6709 ＜ 6790
(3) 5489 ＜ 5498

6 大きい じゅんに □に ばんごうを 書きましょう。
(1) 7006 2　6985 4　7100 1　6990 3
(2) 9887 2　9903 1　9099 3　9090 4

7 つぎの 数を 書きましょう。
(1) 100を 29こ あつめた 数 2900
(2) 10000より 2000 小さい 数 8000
(3) 10000より 300 小さい 数 9700

P70

思考判断表現 B

1000 より大きい数

1 ちょ金ばこに お金が 入って います。ぜんぶで 何円か もとめましょう。
1000円さつ 1まい　500円玉 2まい　100円玉 54まい　10円玉 106まい
(解答例)
(1) 千円さつと 500円玉では，何円 ありますか。 2000円
(2) 100円玉だけでは，何円 ありますか。 5400円
(3) 10円玉だけでは，何円 ありますか。 1060円
(4) ぜんぶで 何円ですか。 8460円

2 ■で かくれた 数は，どんな 数ですか。あてはまる 数を すべて 書きましょう。
(1) 7786 ＜ 7■85 8 9
(2) 57■8 ＞ 5774 7 8 9
(3) 94■ ＜ 9420 1 0
(4) 6278 ＞ 6■77 2 1 0

3 つぎの 数に ついて せつ明して います。□に あてはまる 数を 書きましょう。
(1) 6800
6000 と 800を 合わせた 数です。
7000 よりも 200 小さい 数です。
100を 68 こ あつめた 数です。
10を 680 こ あつめた 数です。
(2) 9500 を 上の 4人と 同じように せつ明しましょう。
①しょうご さん 9000と 500を あわせた 数です。
②まさし さん 10000よりも 500 小さい 数です。
③あみ さん 100を 95こ あつめた 数です。
④みよ さん 10を 950こ あつめた 数です。

P71

学習準備

長い長さ

1 □に あてはまる 数を 書きましょう。
(1) 1mmは，1cmを 10 に 分けた 1つ分の 長さです。
(2) 9cmは，1cmの 9 つ分の 長さです。
(3) 5cmと 6mmを あわせると，5 cm 6 mmです。

2 (1)と (2)に あてはまる 長さの たんい (cm，mm) を 書きましょう。
(1) はがきの よこの 長さ 10 cm　(2) ノートの あつさ 3 mm

3 長い ほうに，○を つけましょう。
(1) （○）1cm　（ ）9mm　(2) （ ）4mm　（○）4cm

4 15cmに いちばん 近いのは，どれですか。( )に ○を つけましょう。
( ) えんぴつに つける キャップの 長さ
(○) 新しい えんぴつの 長さ
( ) つくえの よこの 長さ

5 ㋐と ㋑の 長さを 書きましょう。
㋐ 2cm5mm　㋑ 9cm3mm

6 □に あてはまる 数を 書きましょう。
(1) 7cm = 70 mm　(2) 60mm = 6 cm
(3) 3cm8mm = 38 mm　(4) 72mm = 7 cm 2 mm

7 長さの 計算を しましょう。
(1) 14cm 6mm + 3cm　17cm6mm
(2) 6cm 9mm − 6mm　6cm3mm

P72

知識技能 A

長い長さ

1 つぎの ものを はかる とき，30cmの ものさしと，1mの ものさしの どちらを つかった ほうが べんりですか。記ごうを 書きましょう。
(1) おり紙の たての 長さ ア
(2) まどの よこの 長さ イ
ア 30cmの ものさし　イ 1mの ものさし

2 □に あてはまる 長さの たんい (m，cm，mm) を 書きましょう。
(1) 学校の ろうかの はば 3 m
(2) 教科書の よこの 長さ 18 cm
(3) 教科書の あつさ 4 mm

3 ア と イ の 長さを 書きましょう。
(1) アの 長さ 1 m 40 cm　140 cm
(2) イの 長さ 2 m 80 cm　280 cm

4 花だんの よこの 長さを はかりました。よこの 長さを 書きましょう。
4 m 60 cm　460 cm

5 長い じゅんに，ならべて 書きましょう。
150cm　2m　1m85cm
2m − 1m85cm − 150cm

6 □に あてはまる 数を 書きましょう。
(1) 300cm = 3 m
(2) 9m = 900 cm
(3) 4m70cm = 470 cm
(4) 865cm = 8 m 65 cm

7 計算を しましょう。
(1) 7m + 35cm　7m35cm
(2) 3m40cm + 20cm　3m60cm
(3) 1m70cm − 50cm　1m20cm
(4) 1m − 20cm　80cm

P73

思考判断表現 A

長い長さ

1 6m53cmの テープと 5mの テープが あります。
(1) 2本の テープを つなぎあわせた 長さを もとめましょう。
6m53cm+5m=11m53cm
11m53cm
(2) 2本の テープの 長さの ちがいを もとめましょう。
6m53cm−5m=1m53cm
1m53cm

2 82cmの たなの 上に 水そうを のせました。水そうの 高さは，37cmです。あわせた 高さは，何m何cmですか。
82cm+37cm=119cm
119cm=1m19cm
1m19cm

3 よこはばが 1m24cmの つくえと 64cmの つくえが あります。2つの つくえを あわせた ときの よこの 長さを もとめましょう。
しき 1m24cm+64cm=1m88cm
1m88cm

2 ゆみさんは，走りはばとびで 2m35cm とびました。だいすけさんの 記ろくは それよりも 10cm みじかい 記ろくでした。だいすけさんが とんだのは，何m何cmですか。
しき 2m35cm−10cm=2m25cm
2m25cm

解答

児童に実施させる前に，必ず指導される方が問題を解いてください。本書の解答は，あくまでも１つの例です。指導される方の作られた解答をもとに，本書の解答例を参考に児童の多様な考えに寄り添って○つけをお願いします。

P74

知識技能 B　　月　日

長い長さ　　名前

1 □に あてはまる 長さの たんい (m, cm, mm)を 書きましょう。
(1) プールの 長さ 25 m
(2) 切手の 長さ 25 mm
(3) 新しい えんぴつの 長さ 18 cm
(4) まきさんの しんちょう 1 m 35 cm

2 つぎの ものを はかる とき，30cmの ものさしと，1mの ものさしの どちらを つかった ほうが べんりですか。記ごうを 書きましょう。
(1) 学校の くつばこの 高さ　イ
(2) ふでばこの 長さ　ア
(3) 図書室の 本だなの よこの 長さ　イ

ア 30cmの ものさし　イ 1mの ものさし

3 ア〜ウの 長さを 書きましょう。

(1) アの 長さ 1 m 50 cm　150 cm
(2) イの 長さ 3 m 80 cm　380 cm
(3) ウの 長さ 5 m 20 cm　520 cm

4 長い じゅんに ならべて 書きましょう。
(1) 205cm　2m　2m15cm
2m15cm → 205cm → 2m
(2) 3m30cm　333cm　3m3cm
333cm → 3m30cm → 3m3cm

5 □に あてはまる 数を 書きましょう。
(1) 2m = 200 cm
(2) 4m45cm = 445 cm
(3) 548cm = 5 m 48 cm
(4) 807cm = 8 m 7 cm

6 計算を しましょう。
(1) 2m + 3m30cm = 5 m 30 cm = 530 cm
(2) 85cm + 70cm = 1 m 55 cm = 155 cm
(3) 2m80cm − 75cm = 2 m 5 cm = 205 cm
(4) 2m − 50cm = 1 m 50 cm = 150 cm

74　(A3 141%・B4 122%拡大)

P75

思考判断表現 B　　月　日

長い長さ　　名前

1 兄の しんちょうは，1m70cmです。わたしの しんちょうは 1m36cmです。
(1) 兄は わたしよりも 何cm 高いですか。
1m70cm−1m36cm=34cm
34cm

(2) わたしが 45cmの 台の 上に 立つと，高さは 何m何cmに なりますか。
しき 1m36cm+45cm=1m81cm
1m81cm

(3) 兄が 上に 手を のばしたら，2m10cmの 高さに なります。天じょうの 高さは 2m55cmです。兄は 50cm ジャンプする ことが できます。
兄が ジャンプすれば，天じょうに 手が とどきますか。しきを 書いて 答えましょう。
また，考え方も せつ明しましょう。
しき 2m10cm+50cm=2m60cm
手が とどく。
(れい) 兄がジャンプしたら 2m60cmとなり，天じょうよりも 高くなる から。

2 リボンを 2つに 切ると，下の ような 長さに なりました。

(1) もとの リボンの 長さは，どれだけですか。
しき 5m+4m20cm=9m20cm
9m20cm
(2) 切った 2本の リボンの 長さの ちがいは，どれだけですか。
しき 5m−4m20cm=80cm
80cm

3 ともきさんの へやの たての 長さは，3m10cmです。2m50cmの ベッドと 80cmの つくえを ならべて おくことは できますか。
しきを 書いて 答えましょう。
また，考え方も せつ明しましょう。
しき 2m50cm+80cm=3m30cm
答え できない
(れい) ベッドと つくえを ならべて おくと，3m30cmに なって，へやの たての 長さより 長くなるから。

75　(A3 141%・B4 122%拡大)

P76

思考判断表現 A　　月　日

図を使って考えよう　　名前

1 色紙を くばります。1人に 1まいずつ 26まい くばったので，のこりが 18まいに なりました。
(1) 図の □に あてはまる 数を 書きましょう。

(2) はじめに あった 色紙は 何まいですか。
26+18=44
答え 44まい

2 池に 鳥が 25羽 いました。そこへ 何羽か とんで きたので，41羽に なりました。
(1) 図の □に あてはまる 数を 書きましょう。

(2) とんで きた 鳥は，何羽ですか。
41−25=16
答え 16羽

3 花だんに チョウが 何びきか いました。8ひき とんで きたので，23びきに なりました。はじめに いた チョウは，何びきですか。図を つかって 考えましょう。

しき 23−8=15
答え 15ひき

4 赤色と 黄色の 花が さいて います。赤色の 花は，黄色の 花よりも 7本 多いです。赤色の 花は，16本です。
(1) 図の □に あてはまる 数を 書きましょう。

(2) 黄色の 花は，何本ですか。
しき 16−7=9
答え 9本

5 わたしと，弟で どんぐりを ひろいました。わたしは，弟よりも 18こ 多く ひろいました。わたしは，56こ ひろいました。
(1) 図の □に あてはまる 数を 書きましょう。

(2) 弟が ひろった どんぐりは，何こですか。
しき 56−18=38
答え 38こ

76　(A3 141%・B4 122%拡大)

P77

思考判断表現 B　　月　日

図を使って考えよう　　名前

1 公園で 子どもたちが あそんで いました。15人が 帰ったので，17人に なりました。
(1) 図の □に あてはまる 数を 書きましょう。

(2) あそんで いた 子どもの 人数は 何人ですか。
15+17=32
答え 32人

2 120円 もって いました。おかしを 買うと，のこりは 40円でした。おかしは，何円ですか。
図を つかって 考えましょう。

120−40=80
答え 80円

3 プールに 女の子が 26人 います。男の子は，女の子よりも 5人 多いです。男の子は 何人 いますか。
図を つかって 考えましょう。

26+5=31
答え 31人

4 グミと サイダーを 買います。グミは，サイダーよりも 35円 やすいです。グミの ねだんは，45円です。サイダーの ねだんは，何円ですか。
(1) 図の □に あてはまる 数を 書きましょう

(2) サイダーは，何円ですか。
しき 45+35=80
答え 80円

5 ゆみさんと よしきさんで なわとびを しました。ゆみさんは，よしきさんよりも 15回 多く とびました。ゆみさんが とんだのは，80回です。よしきさんが とんだのは，何回ですか。
(1) 図の □に あてはまる 数を 書きましょう。

(2) よしきさんが とんだのは，何回ですか。
しき 8C−15=65
答え 65回

77　(A3 141%・B4 122%拡大)

P78

知識技能 A　　月　日

分 数　　名前

1 色の ついた ところが，もとの 大きさの $\frac{1}{2}$の 大きさに なって いるのは どれですか。(　)に ○を つけましょう。

答え：イに ○

2 色の ついた ところが，もとの 大きさの $\frac{1}{4}$の 大きさに なって いるのは どれですか。(　)に ○を つけましょう。

答え：ウに ○

3 色の ついた ところの 大きさは，もとの 大きさの 何分の一ですか。□に 分数を 書きましょう。

(1) $\frac{1}{3}$　(2) $\frac{1}{4}$　(3) $\frac{1}{2}$　(4) $\frac{1}{8}$

4 つぎの 分数を あらわすのに あてはまる 図を えらんで 線を ひき，色を ぬりましょう。

78　(A3 141%・B4 122%拡大)

P79

知識技能 B　　月　日

分 数　　名前

1 □に あてはまる 数を 書きましょう。
(1)

アは，もとの 大きさを 3 つに 分けた 1つ分です。
これを $\frac{1}{3}$ と書きます。

(2)

イは，もとの 大きさを 4 つに 分けた 1つ分です。
これを $\frac{1}{4}$ と書きます。

2 色の ついた ところの 大きさは，もとの 大きさの 何分の一ですか。□に 分数を 書きましょう。

(1) $\frac{1}{2}$　(2) $\frac{1}{4}$　(3) $\frac{1}{3}$　(4) $\frac{1}{8}$

3 色の ついた ところの 大きさは，もとの 大きさの 何分の一ですか。□に 分数を 書きましょう。

(1) $\frac{1}{8}$
(2) $\frac{1}{2}$
(3) $\frac{1}{3}$
(4) $\frac{1}{4}$

4 下の 図の ように，12こ 入って いる クッキーが あります。つぎの 分数で あらわした とき，クッキーは 何こに なりますか。

(1) $\frac{1}{2}$　6 こ
(2) $\frac{1}{3}$　4 こ

79　(A3 141%・B4 122%拡大)

P80

知識技能 A　　月　日

はこの形　　名前

1 つぎの はこの 形に ついて □に あてはまる ことばを 下から 選んで 書きましょう。

(1) あいうの ような たいらな ところを 面 と いいます。
(2) 面と面の さかいに なって いる 直線を へん と いいます。
(3) アの ように，3本の へんが あつまった ところを ちょう点 と いいます。
(4) 面の 形は 長方形 に なって います。

へん　面　長方形　ちょう点

2 ひごと ねん土玉で，下の ような サイコロの 形を 作りました。

(1) ねん土玉は，ぜんぶで 何こ ありますか。　8 こ
(2) 4cmの ひごは，ぜんぶで 何本 ありますか。　12 本
(3) 面の 形は，どんな 形ですか。　正方形

3 ひごと ねん土玉で，下の ような はこの 形を 作ります。

それぞれの 長さの ひごは 何本 いりますか。
4cmのひごは　4 本
6cmのひごは　4 本
9cmのひごは　4 本

80　(A3 141%・B4 122%拡大)

P81

思考判断表現 A　　月　日

はこの形　　名前

1 (1)，(2)，(3)を それぞれ テープで つないで はこを 作ると，下の ア〜ウの どれに なりますか。
記ごうを □に 書きましょう。

(1)

イ

(2)

ア

(3)

ウ

2 (1)と (2)の はこを 作ります。
それぞれ，ア，イの どちらを 組み立てたら よいですか。記ごうを □に 書きましょう。

(1)

イ

(2)

イ

81　(A3 141%・B4 122%拡大)

P82

知識技能 B　　月　日

はこの形　　名前

1 つぎの はこの 形に ついて 答えましょう。

(1) 面は 何こ ありますか。　6 こ
(2) へんは ぜんぶで 何本 ありますか。　12 本
4cmの へんは 何本 ありますか。　4 本
5cmの へんは 何本 ありますか。　4 本
7cmの へんは 何本 ありますか。　4 本
(3) ちょう点は 何こ ありますか。　8 こ
(4) 面は 何という 形ですか。　長方形

2 つぎの はこの 形に ついて 答えましょう。

(1) 面は 何こ ありますか。　6 こ
(2) 5cmの へんは 何本 ありますか。　12 本
(3) ちょう点は 何こ ありますか。　8 こ
(4) 面は 何と いう 形ですか。　正方形

3 ひごと ねん土玉で，下の ような はこの 形を 作ります。

(1) ねん土玉は，ぜんぶで 何こ いりますか。　8 こ
(2) 何cmの ひごは 何本 いりますか。ひょうに 数を 書きましょう。

ひごの 長さ	ひごの 本数
3 cm	4 本
5 cm	4 本
6 cm	4 本

4 ひごと ねん土玉で，下の ような サイコロの 形を 作りました。

(1) ねん土玉は，ぜんぶで 何こ いりますか。　8 こ
(2) 6cmの ひごは，何本 いりますか。　12 本

82　(A3 141%・B4 122%拡大)

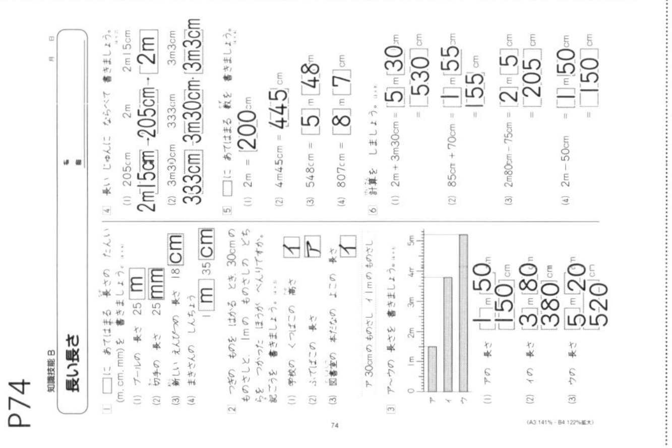

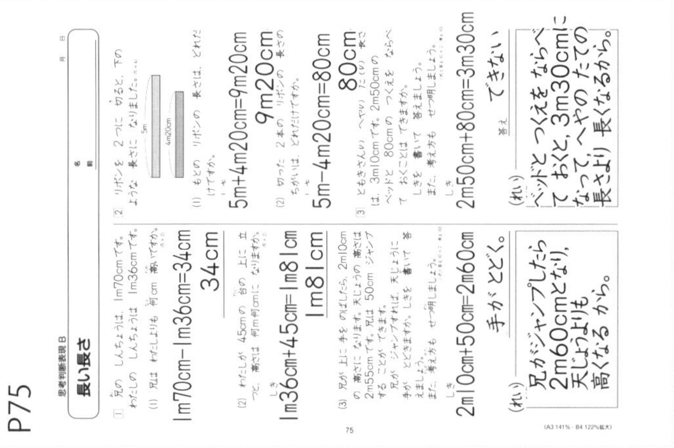

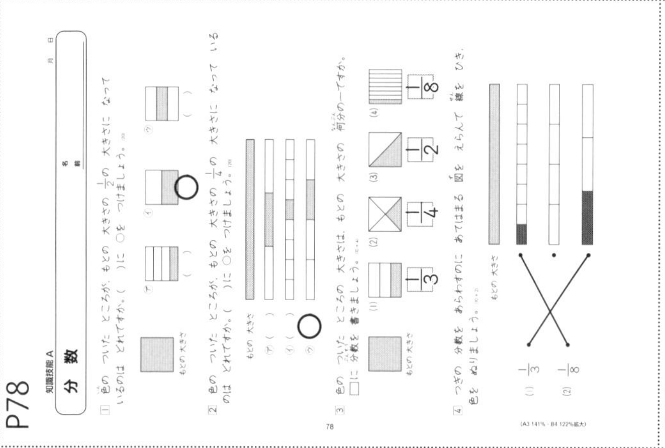

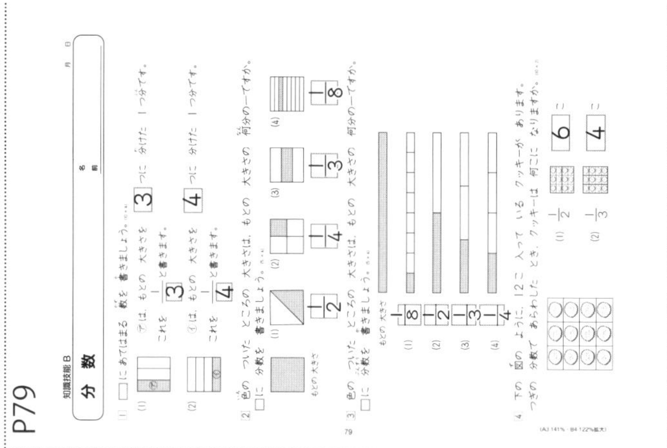

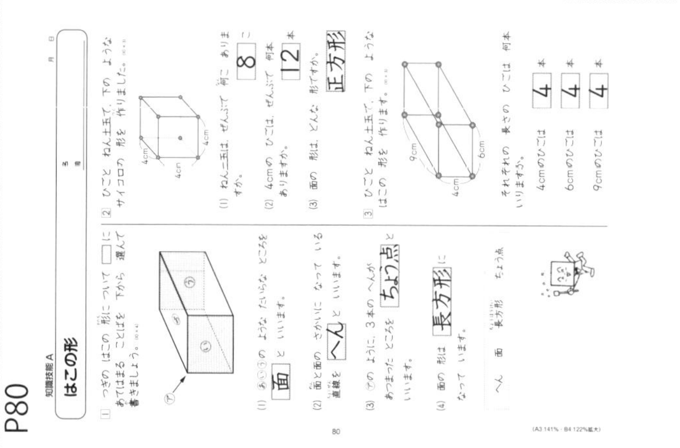

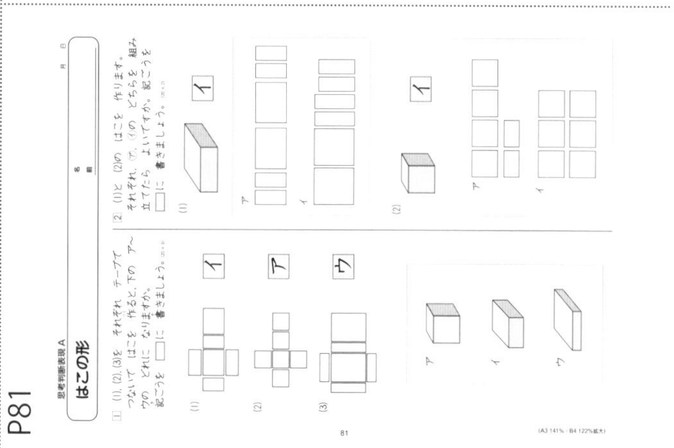

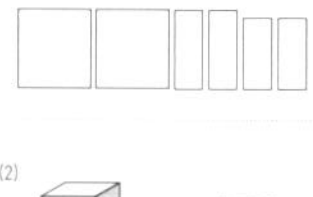

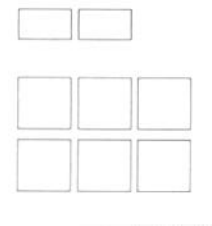

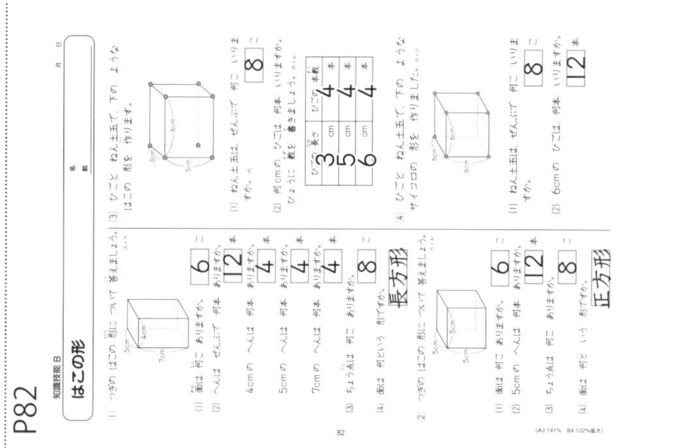

P83

思考判断表現 B　　月　日

はこの形　　名前

1 (1)，(2)の　はこを　作《つく》ります。それぞれの　図《ず》には　面《めん》が　１つ　たりません。方《ほう》がん紙《し》に　面を　１つ　かきたしましょう。(10×2)

(1)

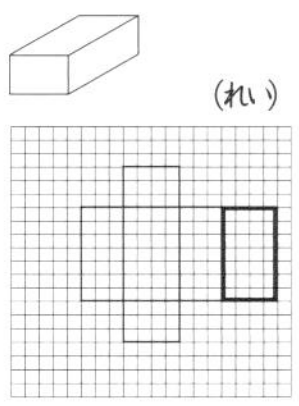

(2)

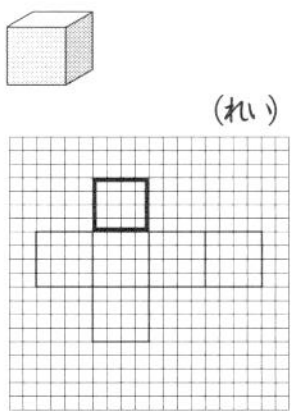

2 つぎの　はこを　作ります。ア～オの　どの　面が，何《なん》まい　あれば　よいですか。記ごうや　数《かず》を　□に　書《か》きましょう。(20×3)

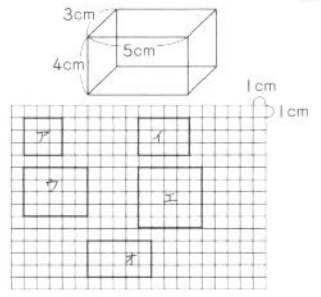

イ を 2 まい
ウ を 2 まい
オ を 2 まい

3 右の　ような　サイコロの　形《かたち》を　作ります。下の　６つの　面を　よういしましたが，うまく　できませんでした。その　理《り》ゆうを　せつ明《めい》しましょう。(20)

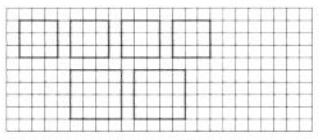

(れい)
正方形の　大きさが，6つ　ぜんぶ　同じでは　ないから。

83

(A3 141%・B4 122%拡大)

P84

知識技能 A　　月　日

学年のまとめ　　名前

1 つぎの　計算《けいさん》を　ひっ算で　しましょう。(5×6)

(1) 54 + 37　91
(2) 7 + 49　56
(3) 86 − 38　48
(4) 62 − 57　5
(5) 78 + 94　172
(6) 102 − 57　45

2 下の　時計《とけい》の　時こくの　30分前《ぷんまえ》と　30分後の　時こくを　答《こた》えましょう。(5×2)

30分前の　時こく　6時10分
30分後の　時こく　7時10分

3 □に　あてはまる　数を　書きましょう。(5×4)

(1) 1cm ＝ 10 mm
(2) 1m ＝ 100 cm
(3) 1L ＝ 10 dL
(4) 1L ＝ 1000 mL

4 計算を　しましょう。(5×4)

(1) 3×7　21
(2) 7×4　28
(3) 9×8　72
(4) 8×6　48

5 下の　方がん紙に　つぎの　形を　書きましょう。(5×2)

(1) １つの　へんの　長《なが》さが　4cmの　正方形《せいほうけい》

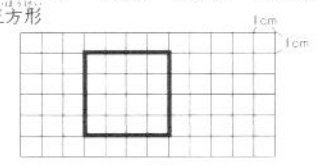

(2) 直角《ちょっかく》と　なる　２つの　へんの　長さが　6cmと　3cmの　直角三角形

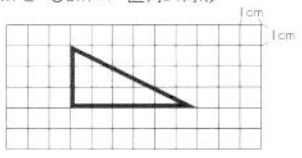

6 つぎの　数を　数字《すうじ》で　書きましょう。(5×2)

(1) 七千十　7010

(2) 1000を　6こ，1を　5こ　あわせた数　6005

84

(A3 141%・B4 122%拡大)

P85

思考判断表現 A　　月　日

学年のまとめ　　名前

1 公園《こうえん》に　子どもが　50人　います。(5×4)

(1) そのうち，男の子は，26人　です。女の子は，何人《なんにん》ですか。

50−26=24

答《こた》え　24人

(2) 女の子と　男の子では　どちらの　ほうが　何人　多《おお》いですか。

26−24=2

男の子の　方が　2人　多い。

2 電車《でんしゃ》に　子どもが　18人　のって　います。(5×4)

(1) おとなは，子どもよりも　26人　多く　のって　います。おとなは，何人ですか。

18+26=44

答え　44人

(2) 電車には，子どもと　おとなを　あわせて　何人　のって　いますか。

18+44=62

答え　62人

3 牛《ぎゅう》にゅうが　1L　ありました。2dL　のみました。のこりは　何dL

1L=10dL
10dL−2dL=8dL

答え　8 dL
800 mL

4 おさらが　4まい　あります。どの　おさらにも　クッキーが　7まいずつ　のって　います。クッキーは　ぜんぶで　何まい　ありますか。(5×2)

7×4=28

答え　28まい

5 1本が　6cmの　リボンを　9本　作《つく》ります。何cmの　リボンが　あれば　できますか。(5×2)

6×9=54

答え　54cm

6 わたしの　しんちょうは　1m36cmです。72cmの　台《だい》の　上に　上がると　高《たか》さは　何m何cmに　なりますか。

1m36cm+72cm=2m8cm

答　2 m 8 cm

7 まりさんは，30分間《ぷんかん》　電車《でん》に　のって，おりた　時《じ》こくは　9時15分でした。まりさんが　電車に　のった　時こくは，何時何分ですか。(5)

答え　8時45分

8 下の　長方形《ちょうほうけい》や　三角形《さんかくけい》に　直線《ちょくせん》を　1本　ひいて，三角形と　四角形に　(れい)よう。(5×2)

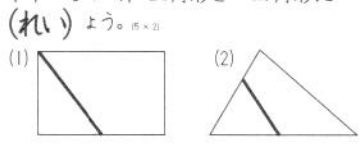

85

(A3 141%・B4 122%拡大)

コピーしてすぐ使える　観点別で評価ができる

教科書算数テストプリント　２年

2021年7月1日　　第1刷発行

著　　　者：新川　雄也
企画・編集：原田　善造（他8名）

発行者：　岸本 なおこ
発行所：　喜楽研（わかる喜び学ぶ楽しさを創造する教育研究所）
〒604-0827　京都府京都市中京区高倉通二条下ル瓦町 543-1
TEL　075-213-7701　FAX　075-213-7706
HP　https://www.kirakuken.co.jp/
印　刷：　創栄図書印刷株式会社

ISBN：978-4-86277-336-4

Printed in Japan